Berlin mit der U2 entdecken

Ein Zug der Linie U2 Richtung Pankow fährt in den Bahnhof Eberswalder Straße ein.

Harald Neckelmann

Berlin mit der U2 entdecken

Alle Highlights entlang der Strecke

BeBra Verlag

Inhalt

Nächtlicher U2-Verkehr im Bahnhof Bülowstraße

Ein Zug der Linie U2 auf der Hochbahn an der Schönhauser Allee, im Hintergrund der Turm der Gethsemanekirche

Einleitung

Kennen Sie dieses Gefühl: Sie sitzen mit gepackten Koffern in der U-Bahn, auf dem Weg zum Bahnhof oder Flughafen? Sie spüren die freudige Erwartung des Aufbruchs. Heute aber ist alles anders, denn Sie steigen in einen Sonderzug. Sie brauchen keinen Koffer und auch keine Papiere, nur ein BVG-Ticket. Sie bleiben hier, in Berlin. Sie entdecken Neuland, unbekannte Ecken der Stadt ... Doch die freudige Erwartung bleibt.

Denn 29 Mal dürfen Sie den Kopf aus der Erde stecken. 29 Stationen bietet die U-Bahnlinie 2, vom ruhigen Ruhleben im Westen Berlins bis zum nicht so punkigen Pankow im Osten. Dazwischen aber zeigt sich die quirlige Großstadt Berlin mit all ihren Facetten auf 21 Kilometern Wegstrecke.

Die reine Fahrtzeit für die komplette Strecke beträgt 49 Minuten, einmal quer durch Berlin. Sie aber wollen die Stadt kennenlernen, dort Orte erkunden, wo Sie normalerweise nicht hinkommen: ein verstecktes, idyllisches Café im Park am Gleisdreieck, ein kostenloses Streetart-Museum, das älteste Hallenbad Berlins, ein Gemeinschaftsgarten auf dem ehemaligen Grenzstreifen mitten in der Stadt am Spittelmarkt, der haushohe »Turm von Klythie«, die ROOF WATERFARM, das koreanische Kulturzentrum, grandiose Rooftop-Bars, außergewöhnliche Geschäfte oder Oldtimer-Busse, die Sie von der U-Bahnstation Theodor-Heuss-Platz zur Havelchaussee schaukeln.

Im Jahr 1896 begann in Berlin der U-Bahn-Bau, im Jahr 1902 war das erste Teilstück fertig. Lange Zeit wollte man eine Unterpflasterbahn nicht genehmigen wegen des Schwemmsands im Berliner Untergrund sowie der gerade angelegten Kanalisation. Und auch in Bezug auf eine Hoch-

bahn gab es Bedenken, weil sie die Straßen verdunkeln könnte.

Die heutige U2 verläuft sowohl als U- wie auch als Hochbahn. Wie sieht ihr Weg genau aus? Sie beginnt oberirdisch in Ruhleben und führt weiter über einen Damm am Olympiapark und Olympiastadion entlang, bis sie kurz vor der Kurve zur Olympischen Straße in einem Tunnel verschwindet und dieser Straße weiter folgt.

Anschließend schwenkt sie auf die Reichsstraße bis zum Theodor-Heuss-Platz, wo sie in einer Kurve zum Kaiserdamm verläuft. Unter dem Kaiserdamm, der zur Bismarckstraße wird, führt die U-Bahn immer geradeaus. Am Ernst-Reuter-Platz schwenkt die U2 nach Südosten auf den Verlauf der Hardenbergstraße zum Bahnhof Zoologischer Garten.

Zunächst gab es beim Bau Überlegungen, die U-Bahnlinie oberirdisch an der Gedächtniskirche vorbeizuführen. Dann hätte aber auch das Viadukt am Zoo im Weg gestanden. Die Wegführung war nur unterirdisch möglich: Die Linie verläuft quer unter dem Breitscheidplatz entlang und folgt danach der Tauentzienstraße.

Nach dem Wittenbergplatz geht die Strecke über eine Rampe in den Hochbahnabschnitt über und erreicht den U-Bahnhof Nollendorfplatz. Die Hochbahn folgt in östlicher Richtung der daran anschließenden Bülowstraße. Danach

macht die U2 über ein langes Viadukt einen Bogen in einer Parkanlage zum U-Bahnhof Gleisdreieck. Er verband einst auf gefährliche Weise die Strecke zwischen Warschauer Brücke und Zoologischem Garten mit der Strecke zum Potsdamer Platz. Diese Abzweigung wurde bei 70 Zügen in der Stunde allein durch Signale abgesichert. Am 26. September 1908 kam es zum Unglück: Ein Zug fuhr einem anderen in die Flanke und drückte zwei Wagen aus dem Gleis. Einer der Wagen stürzte dabei vom Viadukt, 21 Fahrgäste starben. Daraufhin wurde das Gleisdreieck zu einem Kreuzungsbahnhof umgebaut.

Im Anschluss verläuft die U2 über den Landwehrkanal und geht zwischen den Stationen Mendelssohn-Bartholdy-Park und Potsdamer Platz wieder in eine Tunnelstrecke über. Der Bahnhof Potsdamer Platz ist Berlins erster echter Untergrund-Bahnhof. Die Strecke führt anschließend nicht, wie vom Betreiber einst gewünscht, durch die Leipziger Straße, sondern kurvenreich und aufwendig durch die Voß- und die Mohrenstraße, schneidet den Gendarmenmarkt am Deutschen Dom. Dann geht es durch die Taubenstraße über den Hausvogteiplatz und durch die Niederwall- und Wallstraße zum Spreeufer am Spittelmarkt. Die Fenstergalerie im Bahnhof, um Tageslicht hineinzulassen, wird nach seiner Schließung wegen einer Verdunkelungsanordnung im Krieg 1940 wieder geöffnet.

Zur Unterfahrung der Spree liegt die nächste Station Märkisches Museum tiefer als gewöhnlich: sechseinhalb Meter unter der Erde. Der stützenfreie Bogenbahnhof zeigt ein beeindruckend hohes Tonnengewölbe. Nach ihrem Passieren unterquert die U2 in einem langen Tunnel die Spree. Im März 1912 brach die Decke ein. Bis zum Leipziger Platz ergoss sich das Spreewasser in die U-Bahntunnel. In nur einer Woche aber war alles leer gepumpt, und die Züge konnten wieder fahren.

Die U2 führt weiter durch die Klosterstraße und an der Grunerstraße entlang in zwei engen Kurven zum Bahnhof Alexanderplatz. Hinter diesem macht die Strecke einen Schwenk zur Rosa-Luxemburg-Straße, gefolgt von der Schönhauser Allee.

Vor der Station Eberswalder Straße wird die Tunnelstrecke wiederum in ein Viadukt überführt, diese und auch die nächste Station sind Hochbahnhöfe. Die Schönhauser Allee geht in die Berliner Straße über, wo die Hochbahnstrecke erneut in einen Tunnel taucht und nach der Station Vinetastraße den Endbahnhof in Pankow erreicht.

Der Bau der heutigen U-Bahnlinie 2 geschah in mehreren Abschnitten: Im Jahr 1902 fuhr die Bahn nur zwischen Ernst-Reuter- und Potsdamer Platz. Die Station Deutsche Oper wurde 1906 angefügt. Zwei Jahre später kam es 1908 an beiden Streckenenden zu Erweiterungen: westlich vom Sophie-Charlotte-Platz bis zum Theodor-Heuss-Platz und östlich vom Mohrenplatz bis zum Spittelmarkt. 1912 folgte Gleisdreieck (die untere Ebene des Turmbahnhofs) und 1913 Olympia-Stadion sowie eine weitere östliche Erweiterung vom Märkischen Museum bis zur Schönhauser Allee. Weitere Stationen ergänzten die Strecke: Neu-Westend (1922), Ruhleben (1929) und Vinetastraße (1930).

Bis 1931 gestaltete der schwedische Architekt Alfred Grenander (1863–1931) die Berliner U-Bahnhöfe. Er be-

Lampen an dem denkmalgeschützten Hochbahn-Viadukt an der Schönhauser Allee.

stimmte für jeden Bahnhof zur Wiedererkennung jeweils eine Farbe, durch die sich eine Station von der nächstliegenden unterscheidet.

Erst 1978 eröffnete die Hochbahnstation Bismarckstraße und zuletzt (auf besonderen Wunsch des benachbarten Daimler-Chrysler-Konzerns) Mendelssohn-Bartholdy-Park (1998) sowie Pankow (2000).

Mit dem Bau der Berliner Mauer 1961 wurde die U2, die die ganze Stadt von West nach Ost durchquerte, unterbrochen. Die Züge auf Ost-Berliner Gebiet endeten von nun an am Bahnhof Mohrenstraße. Die BVG (West) ließ ihre Züge bis zum Gleisdreieck fahren, da dort bereits Wendegleise eingebaut waren. Die BVB (Ost) benutzte indes den Bahnhof Potsdamer Platz als Wendeanlage. Die Strecke im Grenzbereich zu Ost-Berlin zwischen Gleisdreieck und Potsdamer Platz lag seit dem Mauerbau still. Auch der Abschnitt zwi-

Auf der Strecke zwischen dem Hochbahnhof Eberswalder Straße und dem U-Bahnhof Senefelderplatz begegnen sich zwei Züge.

schen Wittenbergplatz und Gleisdreieck wurde kaum noch genutzt, weil eine Weiterfahrt nicht länger möglich war. Der Betrieb auf diesem Abschnitt wurde 1972 eingestellt. Ohnehin fuhr fast parallel die U1 vom Wittenbergplatz über Gleisdreieck zum Schlesischen Tor.

Im ungenutzten Hochbahnhof der Station Nollendorfplatz richtete sich im Folgejahr der Trödelmarkt »Nolle« in 16 ausgemusterten U-Bahn-Wagen ein. Auf den Gleisen selbst befand sich die Gaststätte »Zur Nolle«. Im Bahnhof Bülowstraße öffnete 1980 der »Türkische Basar«. Zwischen beiden Märkten ließ die BVG von 1978 bis 1991 eine Straßenbahn mit Museumswagen auf dem Hochbahngleis pendeln.

Nach dem Mauerfall 1989 dauerte es noch eine Zeit, bis die seit 28 Jahren unterbrochene U-Bahnstrecke wieder durchgängig befahrbar war. Am 3. Oktober 1991, dem ersten Jahrestag der deutschen Wiedervereinigung, wurden im U-Bahnnetz fast alle sozialistischen Bahnhofsnamen ersetzt. Aus der U2-Station »Dimitroffstraße« wurde »Eberswalder Straße« und aus »Otto-Grotewohl-Straße« wurde »Mohrenstraße«.

Im Jahr 1991 begannen die Bauarbeiten zum Wiederaufbau der fehlenden Verbindung zwischen den beiden Teilen der U2, dem Abschnitt vom Wittenbergplatz über Gleisdreieck und Potsdamer Platz zur Mohrenstraße. Im Bereich des unter der früheren Grenze gelegenen Bahnhofs Potsdamer Platz mussten die Sicherungs- und Grenzanlagen entfernt werden. Im Januar 1992 fusionierten die Verkehrsgesellschaften BVB und BVG. Am 13. November 1993 konnten die beiden Teilstrecken wieder zusammengefügt werden. Gleichzeitig entschied sich die BVG, die westlichen Äste der am Wittenbergplatz zusammentreffenden Linien U1 und U2 zu tauschen: Die U1 startete bislang in Ruhleben (nun: Krumme Lanke) und fuhr bis Warschauer Straße. Die U2 übernahm den Endbahnhof Ruhleben und fuhr bis Vinetastraße (inzwischen bis Pankow). Eigentlich sollte die neue, alte Strecke, die die beiden Berliner Zentren um den Alexanderplatz und den Zoo verbindet, zur Linie 1 der BVG werden. Der Verkehrsbetrieb entschied sich aber anders: Die U-Bahnlinie 1, die durch das Musical *Linie 1* des Grips-Theaters weltbekannt wurde, gehört einfach zu Kreuzberg. Dort begann auch einst das U-Bahnzeitalter.

Stillleben mit Stuhl in einem Ruhlebener Vorgarten

Ruhleben

In Ruhleben befinden wir uns schon fast in Spandau, einem Bezirk, der für viele Berliner nicht wirklich zur Stadt gehört. Das ist schade. Denn hier fährt die U2 direkt ins Grüne. Raus aus dem Bahnhof und rein in die Natur!

Sehr modern präsentiert sich der hoch gelegene U-Bahnhof Ruhleben des Architekten Alfred Grenander: sachlich-nüchtern, auf jedes überflüssige Detail verzichtend. So zeigt sich auch der von ihm gestaltete Aufzug. Wer von der U-Bahn-Station nach Norden geht, kommt zum Klärwerk und zum Müllheizkraftwerk. Beide zählen zu den größten in Europa. Der Weg nach Süden führt direkt in die Natur, auf eine große Wiese, die noch zu Charlottenburg gehört. Ein als Naturdenkmal gelisteter und sehr beeindruckender **Findling** wurde 1968 aus der nahe gelegenen Murellenschlucht auf die Wiese verbracht. Ebenfalls zu finden ist dort ein sogenannter Habitathügel, eine **wilde Wohngemeinschaft**. Das Grünflächenamt klärt auf: »Was auf den ersten Blick wie eine Baustelle aussieht, haben wir bewusst gestaltet! Findlinge, Holzstämme sowie ein Mix aus Lehm und Sand.« Wildtiere wie Eidechsen, Igel und Insekten sollen sich hier wohlfühlen.

Folgen wir dem Weg weiter nach Süden, gelangen wir durch einen Park mit alten Laubbäumen zum **Murellenteich**. Der Name leitet sich von Morelle ab, einem anderen Namen für die Weichsel- oder Sauerkirsche. Hier scheint Berlin wirklich weit weg zu sein. Er ist ein künstlich angelegter See, dessen Ursprung ein Bodenloch war, entstanden wie anderswo im Grunewald durch Eisblöcke. In Ruhleben finden sich noch Ausläufer der in der letzten Eiszeit ent-

Nüchtern: Aufzug, Bahnhof; träumerisch: Murellenteich, Eigenheim

standenen Endmoräne des Berliner Urstromtals. Auch die 62 Meter hohen Murellenberge mit der 30 Meter tiefen Murellenschlucht erinnern daran.

Neben dem See befanden sich ab 1840, damals an den Stadträndern von Charlottenburg und Spandau gelegen, Schießstände und Kasernen. Das Gewässer wurde als Militär-Schwimm-Anstalt genutzt einschließlich einer Steganlage mitten durch den See. Auf diesem früheren Militärgelände befindet sich seit 1922 die **Eigenheimsiedlung Ruhleben** mit Einfamilien- und Reihenhäusern, u.a. nach Entwürfen der Architekten Max Taut und Franz Hoffmann.

Einen gut einen Kilometer langen Rundweg durch die beschauliche Wohnsiedlung bilden die Straßen Hempelsteig, Murellenweg und An der Fließwiese. Dabei kann man **Honig aus eigener Herstellung** kaufen: Bei Nolte (Stendelweg 49) und bei Schweitzer (An der Fließwiese 56a). Am Ende des Stendelwegs lässt sich noch stöbern bei **Antiquitäten- und Raritäten- An- und Verkauf** in der Nummer 1.

Der Weg durch die Siedlung endet an der **Fließwiese Ruhleben**, einem Naturschutzgebiet mit Mischwald, dichtem Unterholz und seltenen Pflanzen. Sie trennt den See von dem Murellenberg und der Schlucht. Das Gelände war lange Zeit militärisches Sperrgebiet und wurde bis 1990 von den Briten genutzt, danach von der Berliner Polizei. Seit 1993 steht es unter Naturschutz. Heute lädt die Fließwiese im Westen Spaziergänger ein, genauso wie der im Süden angrenzende Olympiapark, an dem die nächste Station der U2 liegt. Auf dem Weg dorthin können wir uns beim **Dönermann** (Charlottenburger Chaussee 23) stärken.

U-Bahnhof Ruhleben (Hochbahnhof)

Eröffnung: 1929, Ortsteil: Westend

GASTRONOMIE Der Dönermann

SHOPPING Honig aus eigener Herstellung: Nolte und Schweitzer, Antiquitäten- und Raritäten- An- und Verkauf

NATUR Findling, Wilde Wohngemeinschaft, Murellenteich, Fließwiesen

Blick ins Olympiarund

Olympia-Stadion

Wie bereits der Name der Station sagt, dreht sich hier alles um das anlässlich der Olympischen Sommerspiele 1936 errichtete Stadion. Bei seiner Fertigstellung war es auf rund 100.000 Zuschauer ausgerichtet, heute bietet es etwa 75.000 Sportfans Platz, die – natürlich – standesgemäß mit der U2 anreisen, deren Waggons bei großen Veranstaltungen regelmäßig aus allen Nähten platzen.

Ein alter Fahrkartenschalter im Bahnhof dient als Kasse des unmittelbar an der Station gelegenen **U-Bahn-Museums**, dessen Besuch sich für alle U-Bahn-Fans unbedingt lohnt. Bahnhofsschilder, Wartebänke, Fahrstände, Fahrscheinautomaten, der Dienstraum eines Zugabfertigers und technische Raritäten erinnern an früher. Die Besucher können Objekte anfassen und sogar selbst bedienen. Das erhaltene 14 Meter lange elektromechanische Hebelstellwerk am U-Bahnhof stammt von 1931 und war seinerzeit das größte in Europa. Die Mitarbeiter steuerten per Hand 103 Weichen und 99 Signale für 616 Fahrstraßen. 1983 drohte der Abriss, doch ein engagierter U-Bahner kämpfte um seinen Erhalt.

Folgt man vom Bahnhof aus der Rominter Allee nach Süden und biegt rechts auf den Olympischen Platz ein, erreicht man an der Nummer 7 das kleine **Museum West Alliierte in Berlin e.V.** Es zeigt die Zeit der Amerikaner, Briten, Franzosen und deren zivilen Angestellten in Berlin von 1945 bis 1994. Die Exponate sind in sieben Räumen, den ehemaligen Hockey-Umkleiden, bei freiem Eintritt zu besichtigen.

Wer das **Olympiastadion** besuchen will, kann das Gelände selbst erkunden oder sich von einem Guide deutsche

Einsteigen museal: die Verkehre der U-Bahn und der Westalliierten

Sport- und Architekturgeschichte erzählen lassen. Auf zahlreichen Schautafeln wird die spannende Geschichte des Areals erzählt. Im **Besucherzentrum** kann man Souvenirs kaufen. Die App des Olympiastadions bietet einen Multimedia-Guide an, der über das Gelände führt. Tickets können im Besucherzentrum oder online gekauft werden.

Am Olympischen Platz 3 befindet sich auch der Zugang zum **Olympiabad**. Von Mai bis Oktober geöffnet, kommt dieses Sommerbad mit seinem 50-Meter-Becken vor allem für sportliche Schwimmer in Frage. Das Bad enthält eine Sprunganlage, von der aus unterschiedlichen Höhen ins eigene Sprungbecken getaucht werden kann. Es gibt weiter zwei Becken für Nichtschwimmer und für Kinder eine Rutsche.

Auf der gegenüberliegenden Seite des Olympischen Platzes befindet sich an der Trakehner Allee 1 der interkonfessionelle **Waldfriedhof Heerstraße**. Er wurde 1921 bis 1924 von Erwin Barth rund um die Senke des Sausuhlensees mit terrassenförmig gruppierten Grabreihen angelegt. Der Friedhofsname bezieht sich auf die gleichnamige Villenkolonie, für deren Bewohner einer der schönsten Friedhöfe Berlins eingerichtet wurde. Mit 51 Ehrengrabstätten besitzt er mehr als andere Prominentenfriedhöfe. Es gibt

Eine eingesunkene Scheibe: das Olympiastadion ist ein Erdstadion

U-Bahnhof, Grabstätten von Horst Buchholz und Loriot auf dem Waldfriedhof

zahlreiche Gräber berühmter Künstler und Kunstfreunde. Beerdigt liegen hier auch der Schauspieler Horst Buchholz, die Schauspielerinnen Tilla Durieux und Grethe Weiser, der Künstler George Grosz, die Kabarettisten Wolfgang Gruner und Willi Schaeffers, die Sängerin und Schauspielerin Evelyn Künneke und der Schriftsteller Joachim Ringelnatz. In jüngerer Zeit wurden der Schauspieler Klausjürgen Wussow, der Humorist Vicco von Bülow alias Loriot sowie der Nachtclubbesitzer Rolf Eden beigesetzt; ein Gedenkstein erinnert an den Sänger Gunter Gabriel, der seebestattet wurde.

Folgen wir vom Olympischen Platz aus der Olympischen Straße, erreichen wir die **Olympische Brücke**, die die S-Bahn-Gleise überquert. Am Anfang der Brücke kann man sich an einem kleinen Imbiss stärken. Für den größeren Hunger bietet sich ein Stück weiter auf der linken Seite das griechische Restaurant **Epavlis** (Olympische Straße 30) an. Der Vorgängerbau der Brücke entstand anlässlich der Sommerspiele 1936. Der Bildhauer Helmut Wolff arbeitete 1978 in das Geländer die plastischen Konturen der Olympischen Fahne sowie die Flaggen aller 90 an den Spielen beteiligten Länder ein.

U-Bahnhof Olympia-Stadion (Hochbahnhof)

Eröffnung: 1913, Ortsteil: Westend

KUNST UND KULTUR U-Bahn-Museum, Museum West Alliierte in Berlin e.V.

GASTRONOMIE Imbiss Olympische Brücke, Epavlis

SHOPPING Besucherzentrum Olympiastadion

NATUR Olympiabad, Waldfriedhof Heerstraße

Steubenplatz: »Der Sieger« reitet in Richtung Stadion

Neu-Westend

Das Westend, oder hier sogar Neu-Westend, bezeichnet auch in Berlin eine Siedlung, die während ihres Baus am westlichen Ende der Stadt lag. Hierhin zogen vor allem wohlhabende Bürger, da die in Europa vorherrschend westlichen Winde den Ortsteil zur Zeit der Industrialisierung von Rauch und Abgasen verschonten. Hier war (und ist) die Luft gut.

Als die Kühltruhe an seinem Eierstand kaputtging und er plötzlich mehr Platz hatte, baute Standbesitzer Armin Joachim Hopp eine Hennenschau auf die Leerfläche. Drumherum lässt er auch heute noch auf dem **Wochenmarkt** in der **Preußenallee** am Dienstag- und Freitagvormittag eine Modelleisenbahn sausen. Den Markt erreicht man, indem man der südlich des Bahnhofs gelegenen Preußenallee einige Meter folgt. Mit etwa 50 Marktständen (im Sommer können es auch mehr als doppelt so viele sein) ist dieser Markt der größte in Charlottenburg.

Wer hingegen den **Edeka-Markt Ulrich** am nördlich des Bahnhofs gelegenen Steubenplatz 3–5 besucht, findet sich in einem ehemaligen Kinosaal wieder. Das frühere Puck-Filmtheater eröffnete dort im Jahr 1939. Nach dem Krieg diente es bis 1952 als britisches Truppenkino, danach war es wieder öffentlich zugänglich. Seine Umgestaltung zu einem Supermarkt erfolgte 1967.

Auffällig steht auf der Mittelinsel des Steubenplatzes die Bronzeskulptur »**Der Sieger**«. Louis Tuaillon schuf sie im Jahr 1902, aufgestellt wurde sie hier aber erst 1961. Dargestellt ist ein nackter junger Mann, auf einem trabenden Pferd sitzend, die Zügel in der Linken, in der rechten Hand

Heutiger Markt, einstiges Kino, ehemalige Jürgens-Villa, früheres Kloster

hält er einen Zweig. Tuaillon war Mitglied der Berliner Secession und Professor an der Berliner Kunstakademie. Der Jüngling reitet in Richtung Olympische Straße, die sowohl zum Olympia- als auch zum Reiterstadion führt. Gleich am Steubenplatz bieten sich dem Gast zum Einkehren zwei gastronomische Adressen: das gemütliche **Wiener Conditorei Caffeehaus** (Reichsstraße 81) und die bodenständige Eckkneipe **Westend-Klause** (Reichsstraße 80).

Folgt man ab dem Bahnhof der Olympischen Straße und biegt dann nach links in die Oldenburgallee ein, stößt der Besucher bei der Nummer 57 auf ein heute verwildertes

Grundstück. In dem Gebäude, das nach dem Krieg abgetragen wurde, wuchs der Schauspieler **Curd Jürgens** (1915–1982) auf, das Elternhaus trug den Namen »Türkenvilla«. Sein Vater, der ebenfalls Curd Jürgens hieß, war ein wohlhabender Hamburger Import-Export-Kaufmann und betrieb Handel mit dem Orient und dem Osten. Jürgens' Mutter war eine französische Lehrerin, er wuchs zweisprachig in großbürgerlichen Verhältnissen auf. Die Schauspielerin **Hildegard Knef** wohnte 1957 nicht weit entfernt in der Oldenburgallee 1a, nachdem sie aus den USA zurückgekehrt war.

Spaziert man die Oldenburgallee weiter entlang und biegt dann links in die Bayernallee ein, trifft man auf halbem Weg zur Preußenallee an der Nummer 31 das zwischen 1933 und 1937 erbaute **Kloster St. Gabriel und Kirche Mariä Verkündigung**, das seit 2022 nicht mehr als Kloster genutzt wird. Zuletzt lebten dort elf Nonnen, die ihr Kloster nie verließen und rund um die Uhr beteten. Die private Schele-Schule hat das Gebäude gepachtet, um ihre Klassenräume zu erweitern.

U-Bahnhof Neu-Westend

Eröffnung: 1922, Ortsteil: Westend

KUNST UND KULTUR Skulptur »Der Sieger«, »Türkenvilla«, Kloster St. Gabriel und Kirche Mariä Verkündigung

FOOD/GASTRONOMIE Wochenmarkt Preußenallee, Edeka-Markt Ulrich Westend-Klause, Wiener Conditorei Caffeehaus

NATUR Steubenplatz

Ziemlich groß: das Sandmännchen vor dem rbb-Fernsehgebäude

Theodor-Heuss-Platz

Als dieser U-Bahnhof eröffnet wurde, hieß er Reichskanzlerplatz, und sein Umfeld war vollkommen unbebaut. Heute prägt das Fernsehzentrum (1965–1970) vom Rundfunk Berlin-Brandenburg (rbb) den Platz, dahinter liegt das Haus des Rundfunks (1929–1931) an der Masurenallee. Und gegenüber befinden sich das Berliner Messegelände und der Funkturm (1924–1926).

Den **Theodor-Heuss-Platz** schmückt die 15 Meter hohe, gläserne **Brunnenskulptur »Der blaue Obelisk«** als Zeichen für Völkerverständigung und Frieden. Vandalen haben sie inzwischen beschädigt. Das Mahnmal mit einer **ewigen Flamme** wurde ursprünglich für das geteilte Deutschland errichtet und erinnert heute an die Opfer von Flucht und Vertreibung.

Auf der südöstlichen Platzseite steht das **Kunstwerk »Großes Berliner Kopfzeichen«** von Rainer Kriester, bei dem sich eine schwarze und eine weiße jeweils gut 2,5 Meter hohe Kopfskulptur gegenüberstehen, die den Menschen in seiner Verletzlichkeit zeigen sollen.

Verlässt man den Theodor-Heuss-Platz Richtung Süden und folgt zunächst der Pommern- und biegt dann rechts in die Langobardenallee ein, gelangt man zum quadratischen **Karolingerplatz.** Ihn gestaltete 1912/13 der Charlottenburger Gartendirektor Erwin Barth. Der Stadtplatz war fertiggestellt, bevor ringsum die Häuser Neu-Westends entstanden. Barth setzte sich für die Schaffung von Volksparks für die Arbeiter ein; von ihm stammen auch der Lietzenseepark, die Jungfernheide und die Rehberge. Den Karolingerplatz ziert ein Rosengarten, daneben Hain- und

Heckenquartiere mit zwei Birkensalons, ein Robinienhain umgibt einen Spielplatz. Der Besucher fühlt sich an fürstliche Gärten der Rokokozeit erinnert. Auffallend sind die Lampen des Architekten Franz Heinrich Schwechten, der auch die Kaiser-Wilhelm-Gedächtniskirche gestaltet hat. In der Nummer 5a, einem der ersten kubischen Flachbauten in Berlin, wohnte der Komponist Werner Richard Heymann, der u. a. die berühmte Melodie zu dem Film »Die Drei von der Tankstelle« schuf.

Westlich des Theodor-Heuss-Platzes befindet sich seit 2000 die Kabarett-Bühne **Die Wühlmäuse** von Dieter Hallervorden im »Neuen Berliner Kabarett-Theater«. Östlich des Platzes hat der Rundfunk Berlin-Brandenburg in der 14. Etage des rbb-Fernsehzentrums (Masurenallee 20) seinen **neuen Sendesaal: Studio 14**. Von hier oben produzieren über den Dächern Berlins die verschiedenen rbb-Programme ihre Sendungen.

Im Sommer lädt eine der schönsten Dachterrassen der Stadt mit Rooftop-Bar ein. **»Studio 14 – die rbb Dachlounge**« erreichen Besucher über einen Seiteneingang des rbb. Im nördlichen Bereich des Theodor-Heuss-Platzes gibt es mehrere Restaurants, zu empfehlen ist **Habel's Lindenwirtin** (Lindenallee 28).

Vor dem Fernsehzentrum sitzt das **Sandmännchen**. Diese menschengroße Figur entstand zu seinem 60. Geburtstag im Jahr 2019. Am Kaiserdamm 80/81 können Kinder im gläsernen **Sandmännchen-Studio** durch das Schaufenster den Arbeiten an neuen Sendungen zuschauen. Die **Grand Bar am Studio** an derselben Adresse lädt mit ihrem Retrostil zu einem Drink ein – das ist die Bar des ehemaligen Concorde Hotels am Studio Berlin. Daneben liegt das **Bowling Studio** mit 18 Bahnen.

»Der blaue Obelisk« und Mahnmal mit ewiger Flamme, Karolingerplatz

FREIHEIT
RECHT
FRIEDE

rbb

und klar
3550
MAN

Die Busse der **AG Traditionsbus** fahren täglich auf einem Umlauf der Linie 218 vom ZOB am Messedamm über Theodor-Heuss-Platz, Havelchaussee und Kronprinzessinnenweg zur Pfaueninsel. Hier können Verkehrsfans in originalen historischen Fahrzeugen vor allem des Typs MAN SD 202 aus den 1970er und 1980er Jahren und am Wochenende auch im Typ Büssing DE einen Teil Berlins erkunden. Gemeinsam mit den BVG-Umläufen wird die Linie im 30-Minuten-Takt bedient und bietet eine schöne Abwechslung zu einer U-Bahn-Fahrt.

Linke Seite: Fernsehzentrum, »rbb Dachlounge«, AG Traditionsbus

U-Bahnhof Theodor-Heuss-Platz

Eröffnung: 1908, Ortsteil: Westend

KUNST UND KULTUR Brunnenskulptur »Der blaue Obelisk«, Mahnmal mit ewiger Flamme, Skulptur »Großes Berliner Kopfzeichen«, Heymann-Wohnhaus, Kabarett Die Wühlmäuse, Studio 14 des rbb, Sandmännchen-Studio, Bowling Studio, Fahrt mit einem Bus der AG Traditionsbus

GASTRONOMIE Studio 14 – die rbb Dachlounge, Grand Bar am Studio, im nördlichen Bereich des Theodor-Heuss-Platzes gibt es mehrere Restaurants (Habel's Lindenwirtin)

NATUR Karolingerplatz

Das »Junggesellenhaus« von Hans Scharoun

Kaiserdamm

Bereits zwei Wochen vor dem Eröffnungstermin der U2 befuhr Kaiser Wilhelm II. die Strecke (»Kaiserfahrt«). In dem niedrigen Wagen verrutschte ihm dabei seine Pickelhaube. Etwas Besonderes nicht nur für »Pufferküsser«: Die U-Bahngleise hängen östlich vom Bahnhof unter der Fahrbahnbrücke und kreuzen so die Stadtautobahn und den S-Bahnring.

Prächtige Bauten aus der Gründerzeit säumen den 1906 angelegten **Kaiserdamm**, zu dem die Ausgänge des gleichnamigen U-Bahnhofs führen. Namensgeber ist Kaiser Wilhelm II., der hier Anfang des 20. Jahrhunderts aus einem unbefestigten Weg eine repräsentative Straße mit 50 Metern Breite schaffen ließ. Der Boulevard verlängerte die Bismarckstraße nach Westen und verband den »Neuen Westen« mit dem damaligen Zentrum Berlins. Entlang des Kaiserdamms entstanden Wohn- und Geschäftshäuser sowie Verwaltungsbauten.

Der Schriftsteller und Arzt **Alfred Döblin** wohnte von 1931 bis 1933 in einer Achtzimmerwohnung am Kaiserdamm 28. Döblin war einer der wenigen Schriftsteller der Weimarer Republik, die es zunächst nicht in den Berliner Westen zog. Bis 1931 hatte er in Friedrichshain gelebt und praktiziert, bekannte sich zum Osten. Nach dem Erfolg seines Romans *Berlin Alexanderplatz* (1929) konnte er sich eine größere Wohnung leisten, doch das gutbürgerliche Milieu in Charlottenburg gefiel ihm nicht, weshalb er bereits zwei Jahre später wieder auszog. Ein Stück weiter westlich liegt das japanische Restaurant **Sakura** (Kaiserdamm 32).

Hans Scharoun baute 1928/29 ein Appartementhaus an der Ecke Kaiserdamm 25/25a, Königin-Elisabeth-Straße im

An einer belebten Kreuzung findet man schnell Anschluss

Stil der Neuen Sachlichkeit. Das mächtige **»Junggesellenhaus«**, das Wohnraum speziell für Alleinstehende beiderlei Geschlechts anbot, enthielt komfortable Ein- bis Zwei-Zimmer-Appartements, ohne oder nur mit kleiner Küchenzeile, Zentralheizung, fließend Wasser, Strom und Garage. Rechts von dem Gebäude treffen wir auf das mexikanische Restaurant **Cancún** (Kaiserdamm 24).

Folgt man dem Kaiserdamm stadteinwärts und biegt rechts in die Rognitzstraße ein, trifft man auf das Grundstück mit der Nummer 8/9. In dem 1928/29 erbauten Fernkabelhaus befand sich das **erste Fernsehstudio der Deutschen Reichspost**. Kabel sollten im Fernsehsprechverkehr die Freileitungen ersetzen. Das provisorische Studio war bereits im März 1934 eingerichtet worden. Am 22. März 1935 startete ein regelmäßiges Fernsehprogramm des NS-Rundfunks zusammen mit der Deutschen Reichspost und der deutschen Industrie als Liveübertragung. Von hier aus wurde auch die Übertragung der Olympischen Spiele 1936 organisiert. Der Standort des Fernsehsenders »Paul Nipkow«, auch Deutscher Fernseh-Rundfunk genannt und weltweit der erste reguläre Fernsehsender, war das Haus des Rundfunks. Bereits ab den 1930er Jahren fanden Versuche für Fernsehproduktionen statt. Das zunächst nur wöchentlich wechselnde Programm bestand aus Spielfilm-Zusammenschnitten, Kulturfilmen und Wochenschauen. Allerdings gab es in Berlin und Umgebung in der damaligen Zeit lediglich etwa 250 Fernsehempfänger. Daher eröffnete die Deutsche Reichspost am 9. April 1935 die erste öffentliche Fernsehempfangsstelle für den Gemeinschaftsempfang. Es folgten weitere Fernsehstuben und »Großbildstellen«. Der Eintritt für jeweils etwa 30 Personen, die ein flackerndes Fernsehbild mit wenig Kontrast betrachten konnten, war kostenlos. Nicht verwunderlich, dass das Publikum verhalten reagierte.

Verlässt man den Bahnhof Richtung Königin-Elisabeth-Straße, trifft man in der Nummer 8 auf das vietnamesische

Kaiser Wilhelm II. befuhr als Erster den Kaiserdamm

Hauseingang, Straßenbahndepot (1965), erstes Fernsehstudio, Döblin-Haus

Restaurant **Lang Xua** und an der Nummer 9–23 auf die **Wagenhalle des früheren Betriebshofs Charlottenburg der Straßenbahn**, die von 1930 bis 1967 genutzt wurden. Danach fuhren im Westteil der Stadt keine Straßenbahnen mehr. Im Stil der Neuen Sachlichkeit gebaut, umgaben den Hof 400 Wohnungen für die BVG-Betriebsangehörigen. Die Zufahrt erfolgte durch eine Tordurchfahrt von der Königin-Elisabeth-Straße aus. Die Wagenhalle nimmt mit einer Grundfläche von 120 mal 97 Metern fast die Hälfte des Grundstücks ein. Das Hallendach wurde von nur vier

Stützen getragen. Das frühere Depot umfasste 27 Hallengleise, vier weitere Gleise führten in seitliche Anbauten. In der Halle konnten etwa 320 Straßenbahnwagen abgestellt werden. Anfangs stieß der Bau auf den Widerstand der Anwohner. Sie befürchteten in dem gehobenen Wohnviertel eine Lärmbelästigung. Die Berliner Straßenbahn versprach daher, die Kurven und Weichen auf dem Betriebshof besonders häufig zu schmieren. Seit 2001 wird die Wagenhalle von einem Supermarkt und einem Fahrradhändler genutzt. Das ehemalige Gleisvorfeld dient als Parkfläche.

Die Kreuzung Knobelsdorffstraße/Königin-Elisabeth-Straße wird von zwei Torbauten flankiert, vor denen zwei überlebensgroße **Skulpturen** mit dem Titel **»Arbeit und Heim«** platziert sind. Sie zeigen zwei Nackte: Frau mit Kind und einen muskulösen Mann. Geschaffen wurden die Skulpturen 1928 von Josef Thorak. Der österreichische Künstler war später einer der führenden Bildhauer des NS-Regimes.

U-Bahnhof Kaiserdamm

Eröffnung: 1908, Ortsteil: Charlottenburg

KUNST UND KULTUR Wohnhaus von Alfred Döblin, Junggesellenhaus, erstes Fernsehstudio der Deutschen Reichspost, Wagenhalle des früheren Betriebshofs Charlottenburg der Straßenbahn, Skulpturen »Arbeit und Heim«

GASTRONOMIE Sakura, Lang Xua, Cancún

Suarezstraße: eine antike, aber nicht käufliche Frau

Sophie-Charlotte-Platz

In dem wuchtigen Neobarock-Bau von 1910 westlich des Platzes befand sich das frühere Polizeipräsidium von Charlottenburg, heute ein Polizeiabschnitt. Die preußische Königin Sophie Charlotte, nach der 1892 der gartenähnliche Stadtplatz benannt wurde, ist mit 36 Jahren früh verstorben. Von hier lässt sich natürlich auch über die nach Norden verlaufende Schloßstraße zu dem nach ihr benannten Schloss Charlottenburg spazieren.

Folgt man dem Kaiserdamm in westliche Richtung, lädt linker Hand der **Lietzenseepark** zum Verweilen und Entspannen ein. Den vorgelagerten Erwin-Barth-Platz bildet ein verkehrsberuhigtes Teilstück der Wundtstraße mit Basketballkörben und Tischtennisplatten. Die Schillerwiese bietet genug Platz für ein Sonnenbad. Dabei ist die namensgebende Schillerstatue des Bildhauers Reinhold Begas längst verschwunden. Auf den Uferwegen an der Westseite können Spaziergänger eine romantische Atmosphäre genießen und auf einer Bank eine Pause einlegen. Kinder toben sich auf mehreren Spielplätzen oder dem kleinen Fußballplatz aus. Am Ostufer des Lietzensees entstanden in der Kaiserzeit im Jahr 1905 vornehme Mietshäuser. Das 1909/10 im Stil des Neobarock erbaute **Gebäude** in der **Witzlebenstraße 10** nutzten unterschiedliche Gerichte. Zwischen 1936 und 1943 war es Sitz des Reichskriegsgerichts, des höchsten Gerichtshofs der NS-Wehrmachtsjustiz. 1400 Kriegsdienstverweigerer und Widerstandskämpfer wurden hier zum Tode verurteilt. Nach einem Leerstand sind dort inzwischen rund 100 Luxuswohnungen entstanden.

In kleinen Cafés oder dem auf einer Seeterrasse gelegenen Biergarten lassen die Gäste ihren Blick über den Lietzensee schweifen. Im **Bootshaus Stella** (Witzlebenplatz 1a) gibt es Pizza, Eis und gekühlte Getränke. Die idyllische Terrasse ähnelt einem Steg und lässt schnell vergessen, dass man sich mitten in Berlin befindet. Daran wird man vom Funkturm am Horizont erinnert, dessen Lichter sich am Abend im Wasser spiegeln. Das Bootshaus mit Holzfassade wurde 2008 nach historischen Plänen von 1924 neu gebaut. Es ist heute jedoch zweimal so groß wie der Vorgängerbau. Einen Bootsverleih gibt es seit der Jahrtausendwende nicht mehr, da viele Leute einfach irgendwo am Ufer des Lietzensees ausstiegen, ohne ihre Boote zurückzubringen. Am Kopfende des Sees steht die **Edelstahlskulptur »Woge mit Kugel«** (1994/95) von Volkmar Haase. Dort warten dem Bootshaus gegenüber auch das **Restaurant Engelbecken** (Witzlebenstraße 31) und das **Café Manstein** (Nummer 32) auf Gäste.

Lietzenseepark mit Bootshaus

Lietzensee mit Bootshaus, U-Bahneingang, Eckhaus, Design-Geschäft

In den 1970er Jahren, den Zeiten der Berliner »Sperrmüllaktionen«, öffneten in der parallel zur Witzlebenstraße verlaufenden **Suarezstraße** die ersten Fachgeschäfte für **Antiquitäten**. Die historische Bausubstanz passt hervorragend zu einer Antiquitätenstraße. Angefangen hatte alles mit dem Händler Scheepers, den alle nur »Dodo« nannten. Er siedelte sich hier wegen der damals günstigen Miete an. Nach und nach folgten ihm 34 weitere Antiquitätenhändler. Erwähnenswert ist das Geschäft **Spitze** (Suarezstraße 53). Es bietet originale Damen-, Herren- und Kinderbekleidung, Hüte, Schuhe, Taschen, Modeschmuck, Handarbeiten und Wäsche aus den modischen Epochen von 1860 bis 1960. Bei

Marzipanladen, türkisches Restaurant

Design 54 (Suarezstraße 54) gilt es Möbel und Accessoires aus den 1950er Jahren bis in die Gegenwart zu entdecken. Am ersten Samstag im September findet alljährlich die »Antikmeile Suarezstraße« statt. Dann können Besucher Möbel, Bücher, Gemälde, Porzellan und Kleidung erstehen und sich auf ein Unterhaltungsprogramm mit Live-Musik freuen.

Moderne Kunst gibt es in den **Galerien Probst** und **Gedok** (Suarezstraße 55 und 57). Nepalesische Küche bietet das **Thakali-Haus** (Suarezstraße 61).

Der Familienbetrieb **Wald** produziert seit 1947 **Königsberger Marzipan** in der vom Witzlebenplatz abzweigenden Pestalozzistraße 54a. Das Rezept kennen nur zwei Personen. In dem Geschäft sind die Regale und die Ladentheke aus gelblich-elfenbeinfarbenem Holz. In den Glasvitrinen liegen die Brote und Herzen, die schokoladengepuderten Kugeln und Vierecke, die Zöpfe und Stangen aus einem besonderen Marzipan, nämlich aus einer Mischung aus feinsten Mandeln aus Moldawien, Haselnüssen und Rosenwasser aus Persien mit wenig Zucker. Alles ist handgerührt, -geformt und schließlich -geflammt, sodass der Zucker an der Oberfläche karamellisiert. Daneben empfiehlt sich in derselben Hausnummer **Blomeyer's Käse**.

Parkanlage

In dem großen türkischen **Restaurant Asude** wenige Meter stadteinwärts in der Bismarckstraße 63/64 gibt es traditionelle anatolische Spezialitäten. Mehrere Köche legen in der offenen Küche die Fleischstücke und -spieße auf den breiten mit Holzkohle befeuerten Grillrost. Der Service ist schnell, Alkohol wird nicht ausgeschenkt. Einen großen türkischen Brunch gibt es an den Wochenenden.

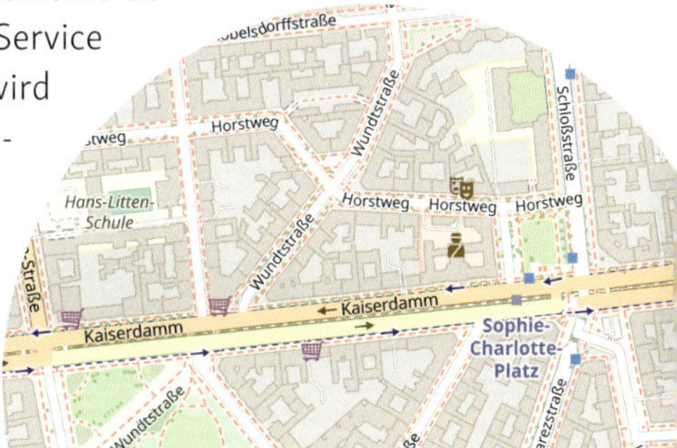

U-Bahnhof Sophie-Charlotte-Platz

Eröffnung: 1908,
Ortsteil: Charlottenburg

KUNST UND KULTUR Galerie Gedok, Galerie Probst, Skulptur »Woge mit Kugel«

GASTRONOMIE Bootshaus Stella, Restaurant Engelbecken, Café Manstein, Restaurant Asude, Thakali-Haus

SHOPPING Zahlreiche Antiquitäten-Geschäfte in der Suarezstraße, Wald Königsberger Marzipan, Blomeyer's Käse

NATUR Sophie-Charlotte-Platz, Lietzenseepark, Schloßstraße

Kandelaber von Albert Speer

Bismarckstraße

Einen Bahnhof mit dem Namen »Bismarckstraße« gab es früher 400 Meter weiter östlich, der heutige U-Bahnhof Deutsche Oper. Als man jedoch die mit der U2 kreuzende, fünf Meter tiefer verlaufende U-Bahnlinie U7 baute, wurde ab 1978 ein Umstieg erforderlich. Zwei Bahnhöfe mit demselben Namen? Das wäre nicht gut gegangen.

In dem großen, hell gekachelten **Feinkostgeschäft Rogacki**, gegründet 1928, scheint die Zeit stehen geblieben zu sein. Der Familienbetrieb in der unweit vom Bahnhof gelegenen Wilmersdorfer Straße 145/146 gleicht einer Markthalle: Geräucherte Makrelen, Schillerlocken und Rollmops liegen in den Auslagen, es gibt Wasserbecken mit lebenden Fischen. Bei Rogacki hängen die Aale nebeneinander, die über einem Feuer mit Buchenholz geräuchert werden, bis sie eine fast goldene Farbe bekommen. In mächtigen Öfen können die Kunden den Räucherprozess der »Meeresfrüchte« miterleben. 150 verschiedene Arten frisch geräucherter Fisch stehen zur Auswahl, dazu Geflügel, Fleisch, Wurst, Wild, Käse, Backwaren und Salate, eine Kaffee- und eine Weinabteilung sowie drei Imbissstände. Aber Frischfisch, Fischdelikatessen und Räucherfische sind das Fundament des Unternehmens. Türkisch essen lässt sich auf der anderen Kreuzungsseite im Restaurant **La Femme** (Wilmersdorfer Straße 135), vietnamesisch im **HAMY Sophie** (Nummer 41).

Steht man vor dem Gebäude in der Bismarckstraße 40, ist die **Friedenskirche** mit derselben Adresse nicht erkennbar. Sie befindet sich nämlich im Hinterhof und wird erst beim Gang durch den Wohn- in den Kirchhof sichtbar. Die Friedenskirche ist das Gemeindezentrum der Evangelisch-

Feinkostgeschäft Rogacki, Friedenskirche, Der kleine Zauberladen, Denkmal

Freikirchlichen Baptistengemeinde Charlottenburg. Es fehlt ein Kirch- und Glockenturm. 1898 im Stil der Backsteingotik erbaut, diente der Bau zuvor verschiedenen Glaubensrichtungen als Gebetshaus. In einer Baptistenkirche gibt es keinen Altar. Der Pastor hält in Zivilkleidung seinen Gottesdienst und spricht oft in freier Rede. Eine zweite angrenzende Hinterhofkirche aus dem Jahr 1909 befindet sich in der Wilmersdorfer Straße 141. Sie diente früher der Neuapostolischen Gemeinde und lässt sich heute als Veranstaltungsraum **Asanta** mieten.

Der Kunstraum **Urban Art Kids** für Kinder ab vier Jahren liegt in der von der Bismarckstraße abzweigenden Sesenheimer Straße 7. Angeboten werden Veranstaltungen bei denen es um einen spielerischen Umgang mit Kunst geht. In derselben Straße treffen wir auch auf den Schallplattenladen **Rock Steady Records** (Nummer 15). An der Kreuzung Bismarck-, Kaiser-Friedrich-Straße steht ein **Denkmal für im Verkehr verunglückte Kinder**. Am 23. März 2004 starb hier der neunjährige Dersu Scheffler auf seinem Schulweg durch einen abbiegenden Lastkraftwagen. Das Denkmal in Form einer Tonstele schuf die Bildhauerin Rachel Kohn: ein Haus mit einer unterbrochenen Zugangstreppe und ohne Tür, also das zerstörte Heim einer Familie. Die Keramikplatte auf dem Boden zeigt ein Bild, das Dersu gemalt hat.

Der kleine Zauberladen in der parallel zur Bismarckstraße verlaufenden Schillerstraße 70 verkauft alles rund um Zirkus, Akrobatik und Magie. Hier finden sich auch die Galerien **Stallmann** (Nummer 70) und **Root** (Nummer 34).

U-Bahnhof Bismarckstraße (Turmbahnhof)

Eröffnung: 1978,
Ortsteil: Charlottenburg

KUNST UND KULTUR
Friedenskirche, Urban Art Kids, Galerien Stallmann und Root, Denkmal für im Verkehr verunglückte Kinder

GASTRONOMIE Imbisse im Feinkostgeschäft Rogacki, La Femme, HAMY Sophie

SHOPPING Feinkostgeschäft Rogacki, Der kleine Zauberladen, Rock Steady Records

Ein ehemals besetztes Haus in der Schillerstraße

Deutsche Oper

Bunte Fliesen, gestaltet von dem portugiesischen Künstler José de Guimarães, schmücken seit 2002 den U-Bahnhof Deutsche Oper – ein Geschenk des portugiesischen Botschafters zum 100-jährigen Geburtstag der Berliner U-Bahn. Er ist der erste viergleisige deutsche U-Bahnhof, denn die Strecke führte früher in einem Knick unter der heutigen Richard-Wagner-Straße zum Rathaus Charlottenburg.

Folgt man der gleich am Bahnhof vorbeiführenden Krumme Straße Richtung Norden, erreicht man bei der Hausnummer 10 das **Stadtbad Charlottenburg**, das älteste Hallenbad Berlins. Als Jugendstilbad mit einem 25-Meter-Becken wurde die Volksbadeanstalt 1898 eröffnet. 1926 entstand eine Abteilung mit Wannenbädern, da die Berliner in ihren Wohnungen zu jener Zeit noch keine Duschen besaßen.

Spaziert man die von der Krumme Straße abzweigende Zillestraße Richtung Osten entlang, kommt man bei der Nummer 19 zum **Mural »Reification«** (2018; deutsch: »Verdinglichung«) des Schweizer Street-Art-Duos Nevercrew. Das Kunstwerk versteckt sich in einem Innenhof und ist nicht leicht zu finden. Die beiden Künstler Christian Rebecchi und Pablo Togni schufen zwei Wale, jeder auf einer eigenen Wand, die einmal Teil von etwas Größerem waren – nun driften sie auseinander.

Die dem Bahnhof ihren Namen gebende **Deutsche Oper Berlin** in der Bismarckstraße 35 wurde 1961 nach Entwürfen Fritz Bornemanns eröffnet, davor steht eine **Skulptur** (1960/61) von Hans Uhlmann. Den Theatersaal schützt die Beton-Kiesel-Fassade vollständig vor dem Straßenlärm.

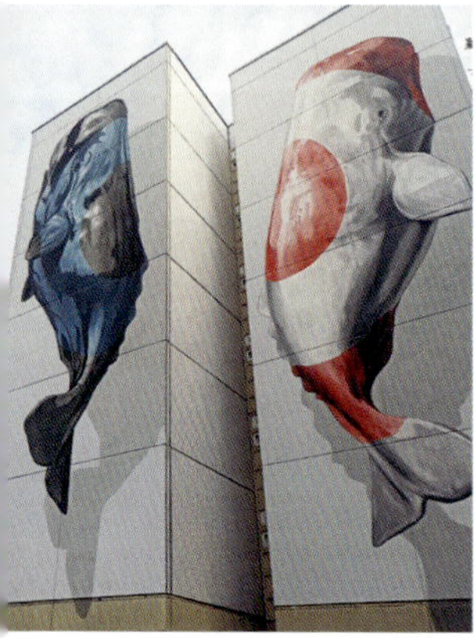

Ältestes Stadtbad, Arielle's Macarons, Mural, Deutsche Oper

Im Haus befindet sich das **Restaurant Deutsche Oper.** Die **Tischlerei** an der Gebäuderückseite ist die zweite Spielstätte der Oper. Auf der anderen Straßenseite, Ecke Krumme Straße liegt der **Shakespeareplatz** mit einer Büste des Dramatikers, daran angrenzend das libanesische **Restaurant Zeder** (Bismarckstraße 90).

Direkt vor dem Opernhaus ist das stark ausgearbeitete, erhabene **Bronzerelief »Der Tod des Demonstranten«** von Alfred Hrdlicka angebracht. Es stammt aus dem Jahr 1971, ist aber erst seit 1990 an dieser Stelle zu sehen. Es erinnert an den Tod des Studenten **Benno Ohnesorg,** der am 2. Juni 1967 von dem Zivilpolizisten Karl-Heinz Kurras bei einer Demonstration im Hof des Hauses Krumme Straße 66/67 gegenüber der Oper erschossen wurde. Der Schuss soll gezielt abgegeben worden sein, die Polizeiführung habe ihn danach vertuscht. Daraufhin verbreitete und radikalisierte sich die Studentenbewegung der 1960er Jahre. Soziale und polizeiliche Reformen ab 1969 wie auch der Terrorismus der Rote Armee Fraktion ab 1970 und der Bewegung 2. Juni ab 1972 gehen auf dieses Ereignis zurück.

Die **Villa Schilla** in der im Süden parallel zur Bismarckstraße verlaufenden Schillerstraße 32 ist ein Haus, das 1981 besetzt und von den Bewohnern selbst renoviert wurde. Die dort lebenden Menschen möchten aus dem Zusammensein heraus auch gemeinsame Kunstprojekte entstehen lassen. Einen Abstecher machen wir noch zu den Köstlichkeiten der Konditorei **Arielle's Macarons** (Schillerstraße 91).

U-Bahnhof Deutsche Oper

Eröffnung: 1906 (Umbau: 1929), Ortsteil: Charlottenburg

KUNST UND KULTUR Mural »Reification«, Deutsche Oper mit Skulptur, Shakespeare-Büste, Bronzerelief »Der Tod des Demonstranten«, Villa Schilla

GASTRONOMIE Restaurant Deutsche Oper, Zeder

SHOPPING Arielle's Macarons

NATUR Shakespeareplatz mit Büste

Das Renaissance-Theater ist das einzige noch erhaltene Art-Déco-Theater Europas

Ernst-Reuter-Platz

Über den U-Bahneingang gelangt man in die Platzmitte, die Hast über den vierspurigen Kreisverkehr ist zu gefährlich. Der Ernst-Reuter-Platz bildet aus der Zeit einer verkehrsgerechten Stadtplanung das Gegenstück zum Alexanderplatz im Ostteil, benannt nach dem ersten Regierenden Bürgermeister Berlins.

Einen phänomenalen Blick aus dem 20. Stock hat man von der kleinen **TU-Mensa Skyline des Telefunken-Hochhauses** (Ernst-Reuter-Platz 7), die nicht nur für Studenten geöffnet ist. Mit einem einladenden Front-Cooking-Bereich gibt es dort morgens Frühstück und zur Mittagszeit ein günstiges Menü-Angebot. Das 80 Meter hohe und 1960 fertiggestellte Bürogebäude war bis zur Eröffnung des Europa-Centers fünf Jahre später das höchste Hochhaus Berlins. Direkt am Platz befindet sich die **Kunstgalerie Efremidis** im Souterrain der Nummer 2. Wir laufen in die Hardenbergstraße hinein und finden in der zweiten Straße rechts, der Knesebeckstraße, die weiteren **Galerien Wentrup** und **Schmalfuss Berlin** (Nummer 95 und 96).

Inmitten des Ernst-Reuter-Platzes steht seit 2019 das **BHROX bauhaus reuse** nebst einem Café. Das englische Wort »reuse« heißt »Wiederverwendung«: Der Glaspavillon wurde mit recycelten Fassadenelementen des Dessauer Bauhauses aus einer Renovierung errichtet. Es handelt sich um ein öffentliches Zentrum und Stadtlabor für transdisziplinäre Bildung, Forschung und Beteiligung. Das Programm befasst sich mit den Themen moderne Gesellschaft, Politik und Baukultur, Wohnen, nachhaltige Stadtentwicklung und Kreislaufgesellschaft sowie Zukunft von Bildung und Arbeit.

Das **temporary bauhaus-archiv/museum für gestaltung** wurde 2018 in der Knesebeckstraße 1 eröffnet. Bis voraussichtlich 2025 sind die Museumsräume in der Klingelhöferstraße wegen eines Umbaus geschlossen und das Museum nutzt diesen temporären Standort.

Seit dem Jahr 2022 befindet sich dort die immersive Installation **bauhaus infinity archive**. Über 15.000 Bilder der Sammlung können hier nach visuellen Kriterien durchsucht werden. Nachhaltig einkaufen lassen sich nebenan wohlgeformte Produkte im Warenhaus **Manufactum** (Hardenbergstraße 4–5).

Das **Architekturmuseum der Technischen Universität Berlin** wartet mit Studiensaal und Galerie in der Straße des 17. Juni 150 auf einen Besuch. Zeugnisse rund um den Bau und die Planung von Gebäuden werden gesammelt und gezeigt: rund 145.000 Modelle, Pläne, Zeichnungen, Muster oder auch Fotografien – eine der weltweit ältesten Sammlungen ihrer Art. Darunter befinden sich etwa Zeichnungen des Alten Museums von Karl Friedrich Schinkel, Modelle von Hans Scharoun und Skizzen des Reichstags von Paul Wallot. In der Galerie des Museums werden wechselnde Ausstellungen gezeigt. Zur Nutzung des Archivs sollte man mindestens zwei Wochen im Voraus einen Termin vereinbaren.

Das **Renaissance-Theater** in der Knesebeckstraße 100 an der Ecke zur Hardenbergstraße ist das einzig erhaltene Art-Déco-Theater Europas. In prächtigem Goldgelb, Lachsrot, Ultramarinblau, Ocker, Blaugrün und Weinrot leuchten Foyers und Wandelgänge, während den Zuschauerraum die warmen Töne edler Hölzer beherrschen. Die 1926 von Oskar Kaufmann entworfene Bühne bietet auch heute noch einen authentischen Theaterbesuch wie im Berlin der 1920er Jah-

BHROX, Museum, TU-Mensa, Entenbrunnen, Renaissance-Theater

GRAVIS

ARCHITEKTUR
MUSEUM

Nach dem Theater in die Schiller-Klause oder zum Tanzen ins Café Keese

re. Mit einer Kombination aus literarischem Anspruch und Unterhaltung gelingt es dem Haus, sich weithin als Schauspieler-Theater zu etablieren. Ohne ein festes Ensemble haben dennoch bekannte Schauspieler die Bühne entscheidend geprägt. Das intime Bruckner-Foyer bietet literarische und musikalische Veranstaltungen.

Der 1911 errichtete **Entenbrunnen** (»Streichelbrunnen«) vor dem Theater stammt von dem damals bekanntesten Berliner Tier-Skulpteur August Gaul. In der Mitte erhebt sich wie bei mittelalterlichen Brunnen ein steinerner Pilz als Brunnenstock. Über ihn rinnt Wasser in das Becken.

Seit Oktober 2023 residiert die **Komische Oper im Schiller-Theater** (Bismarckstraße 110). Bis 2029 wird das Opernhaus an der Behrenstraße saniert. Der Charlottenburger Theaterbau dient dabei als Ausweichquartier. Gleich hinter der Spielstätte steht die **Schiller-Klause** (Schillerstraße 10), ein Theaterlokal. Eine gemütliche Kneipe in familiärer Atmosphäre mit einem deftigen Buffet zu guten Preisen in Selbstbedienung. Die Wände sind tapeziert mit Fotos von Theatergrößen.

Das **Café Keese** in der Bismarckstraße 108 ist ein bekanntes Tanzlokal. Es wurde 1966 gegründet und ist durch den »Ball paradox« bekannt: Frauen fordern Männer zum Tanz auf. Zwischen den über 400 Sitzplätzen sind 135 Tischtelefone installiert. Die Gäste gehören überwiegend zur Generation 40+ und erscheinen meist in Abendgarderobe oder sportlich gekleidet.

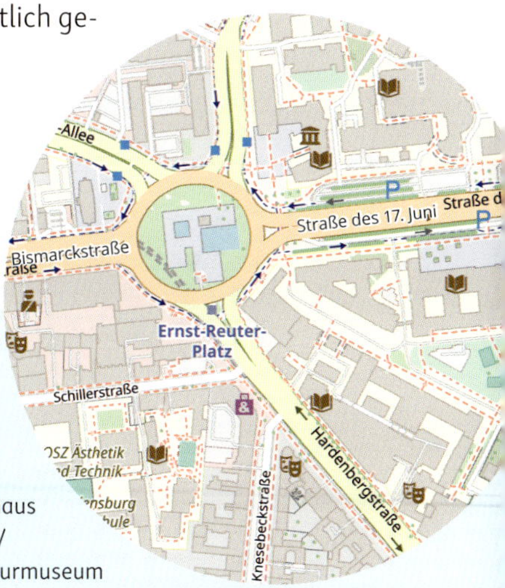

U-Bahnhof Ernst-Reuter-Platz

Eröffnung: 1902,
Ortsteil: Charlottenburg

KUNST UND KULTUR BHROX bauhaus reuse, temporary bauhaus-archiv/museum für gestaltung, Architekturmuseum der TU Berlin, Renaissance-Theater, Entenbrunnen, Efremidis Kunstgalerie, Komische Oper im Schiller-Theater, Galerien Schmalfuss Berlin und Wentrup

GASTRONOMIE TU-Mensa Skyline, Café beim BHROX bauhaus reuse, Schiller-Klause, Café Keese

SHOPPING Warenhaus Manufactum

NATUR Ernst-Reuter-Platz

Das Elefantentor zum Zoo, prachtvoll die Architektur und das Grün

Zoologischer Garten

Der Bahnhof Zoologischer Garten war der wichtigste Verkehrsknotenpunkt im ehemaligen West-Berlin, weltweit bekannt als sozialer Brennpunkt. Berühmt wurde er nicht zuletzt durch das Buch und den Film *Wir Kinder vom Bahnhof Zoo* von Christiane F. Die Drogenszene spielt heute eher eine untergeordnete Rolle, die Stricher sind verschwunden.

Der dem Bahnhof seinen Namen gebende **Zoologische Garten** aus dem Jahr 1844 ist der älteste Zoo Deutschlands und mit 1100 Arten der artenreichste der Welt. Im 2017 eröffneten Panda Garden lebten neben dem Panda-Paar bis Ende 2023 zwei Jungtiere, die 2019 geboren wurden. Der ebenfalls in Bahnhofsnähe liegende **Zoo-Palast** (Hardenbergstraße 29a) wurde 1957 eröffnet. Mit sieben Sälen und 1616 Plätzen ist es das größte Kino Berlins. Aus demselben Jahr stammt das benachbarte **Bikini Berlin** (Budapester Straße 38–50). Das frühere Industrie-, Geschäfts- und Bürogebäude ist heute ein Einkaufszentrum, in dem man nicht auf die Filialen der großen Ketten trifft, sondern auf inhabergeführte Geschäfte, eingebettet in ein außergewöhnliches Architekturkonzept. In drei liebevoll restaurierten Fotokabinen lassen sich schwarz-weiße Passfotos machen. Von der nördlich gelegenen Terrasse kann man die Erdmännchen und Paviane im Zoo beobachten. Im zehnten Stock des 25hours Hotels (Budapester Straße 40) bietet die große Dachterrasse der **Monkey Bar** den Besuchern einen weitläufigen Ausblick über die City West. Auch vom begrünten Außenbereich lassen sich die Zoobewohner beobachten. Neben Cocktails gibt es kleine Gerichte aus der **NENI Berlin** Küche.

BIKINI
BERLIN
BIKINI
BERLIN

Tiffany's

Auf der gegenüberliegenden Seite steht vor dem **Europa-Center** die **Berlin-Uhr**, auch **Mengenlehreuhr** genannt, aus dem Jahr 1975. Sie zeigt die Uhrzeit über eine Zahl leuchtender Lampen an, hat aber mit Mengenlehre nichts zu tun. Im Europa-Center selbst, einem weiteren Einkaufszentrum, ist noch ein Zeitmesser zu entdecken, die 13 Meter hohe **Uhr der fließenden Zeit**. Die Wasseruhr führt über drei Stockwerke und zeigt die Zeit in einem Kreislauf durch flüssigkeitsgefüllte Glaskugeln an. Das politische **Kabarett Die Stachelschweine**, 1949 gegründet, spielt seit 1965 im Souterrain. Der **Irish Pub** gegenüber bietet jeden Abend ab 21 Uhr Livemusik.

Als Gedenkort am Breitscheidplatz gleich nebenan ist die Eingangshalle der alten **Kaiser-Wilhelm-Gedächtniskirche** in der Turmruine geöffnet. Die gerasterten Wände des Oktagonalbaus und der Turm der neuen Gedächtniskirche bestehen aus über 20.000 farbigen Glasfenstern. Eine doppelwandige Konstruktion aus blau verglaster Außen- und hell verglaster Innenwand hält den Straßenlärm fern. Gegenüber an der Kantstraße 163–165 steht mit weißer Fassade das Hochhaus Upper West: **One Lounge** liegt als Rooftop im zehnten Stock des Low-Budget-Hotels Motel One mit einer ausgezeichneten Aussicht. Über den Aufzug in der Hotel-Lobby gelangt man dorthin.

Gleich um die Ecke im **Kranzler-Eck** (Kurfürstendamm 22) lassen sich zwei große **Volieren** entdecken. Dort zwitschern 110 Piepmätze, vom Wellensittich bis zum Papagei. Das Café Kranzler (Kurfürstendamm 18) existierte als West-Berliner Institution von 1932 bis 1999, ab 1958 in dem Eckbau. 2016 zog in die Rotunde das **Café The Barn** mit Blick auf den Boulevard ein – ein Aufzug, den man über ein Bekleidungsgeschäft erreicht, bringt den Gast dorthin.

Mall Bikini Berlin mit Zooblick und Terrasse, Europa-Center

In das frühere Bilka-Kaufhaus ist die **LAS Art Foundation** eingezogen.

Wir gehen zurück über die Joachimsthaler Straße Richtung Bahnhof und biegen links in die Kantstraße. Dort in der Nummer 10 eröffnete 2017 das **Kino Delphi Lux**. Versteckt an der Eisenbahntrasse gelegen bietet es sieben einzigartig gestaltete Kinosäle. Das benachbarte **Stage Theater des Westens** (Kantstraße 12a) ist ein 1895/96 erbautes Musical-Theater. Das daneben liegende Privattheater **Vaganten Bühne** befindet sich mit seinen 100 Plätzen im selben Gebäude wie der **Delphi-Filmpalast** aus dem Jahr 1928. Heute ist das Delphi mit über 670 Plätzen der größte Programmkinosaal Deutschlands. Tempelhaft zeigen sich die Delphi-Terrassen vor der **Quasimodo Bar**: Zwischen zwei Orakel-Säulen mit stilisierter vergoldeter Flamme sowie Glühbirnenkränzen führt die Treppe hinauf. Vier liegende Sphinxe bewachen die Vorfahrt von der Fasanenstraße. Im Juni findet hier das Summerfest Musikfestival bei freiem Eintritt statt. Organisiert wird es vom renommierten **Jazzclub Quasimodo**, der in einem engen, niedrigen und verrauchten Kellerlokal liegt und bis zu 350 Gästen Platz bietet.

Wir folgen der Fasanenstraße in nördliche Richtung und biegen rechts in die Hardenbergstraße ein. Die **Berliner Landeszentrale für politische Bildung** (Nummer 22–24) im Amerika-Haus stellt rund 350 Sachbücher, Bildbände, Kinder- und Jugendbücher sowie pädagogische Publikationen bereit. Menschen, die in Berlin wohnen, können einmal im Quartal bis zu vier Publikationen gegen eine Gebühr von drei bzw. sieben Euro erwerben. Das **C/O Berlin** befindet sich seit 2014 im selben Gebäude und zeigt Ausstellungen

Gedächtniskirche, Weltkugelbrunnen, Café The Barn,
Kino Lux, Theater des Westens, Kino Delphi

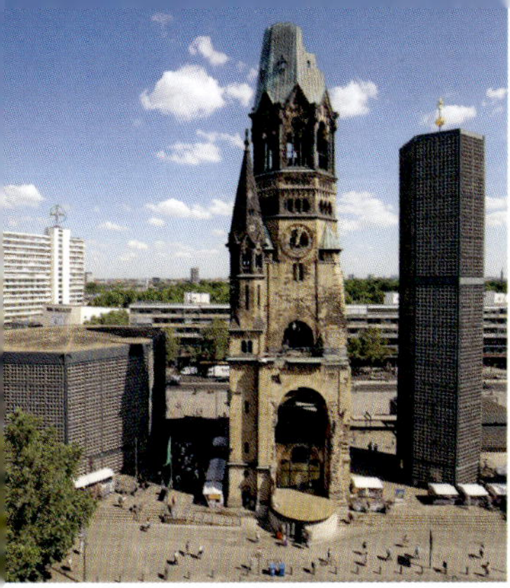

WILLKOMMEN
IM DELPHI LUX

DELPHI

Musikfestival der Quasimodo Bar, Fotografien im C/O Berlin

über Fotografie und visuelle Medien. Im Bereich »Education« finden visuelle Bildung und Kunstvermittlung statt.

Unser Spaziergang führt uns die Hardenbergstraße entlang Richtung Bahnhof und wir biegen links in die Jebensstraße ein. Das **Museum für Fotografie** (Nummer 2) eröffnete 2004 mit der **Helmut Newton Foundation** und der **Sammlung Fotografie der Kunstbibliothek.** Erstere zeigt auf den beiden unteren Etagen eine Dauerpräsentation und Ausstellungen zum Werk Newtons, seiner Frau Alice Springs und Weggefährten. Letztere bietet im zweiten Obergeschoss im restaurierten Kaisersaal Fotografien vom 19. bis zum 21. Jahrhundert und ist nach Anmeldung zugänglich.

Seit 2018 existiert das Dinner-Theater **Kolja Kleeberg & Hans-Peter Wodarz Palazzo** in einem Spiegelpalast in der Hertzallee 41 an der Ecke zur Jebensstraße, das in den Wintermonaten eine dreieinhalbstündige Show samt Vier-Gang-Menü anbietet. Direkt unter der Trasse der Stadtbahn eröffnete am Hardenbergplatz 15 das **Bar-Restaurant Papillon** in einem Viadukt. Dort bekommt man internationale Küche im mediterranen Stil, ausgefallene Drinks und man kann im New-York-Interior der 1970er Jahre tanzen. Über Tag lässt sich an den Gleisen entlang in den Tiergarten und zum Biergarten **Schleusenkrug** (Müller-Breslau-Straße 14b) spazieren, den es dort seit 1954 gibt.

U-Bahnhof Zoologischer Garten

Eröffnung: 1902,
Ortsteil: Charlottenburg

KUNST UND KULTUR Zoo-Palast, Berlin-Uhr, Uhr der fließenden Zeit, Kabarett Die Stachelschweine, Kaiser-Wilhelm-Gedächtniskirche, Kino Delphi Lux, Stage Theater des Westens, Vaganten Bühne, Delphi-Filmpalast, Jazzclub Quasimodo, Berliner Landeszentrale für politische Bildung, C/O Berlin, Museum für Fotografie, LAS Art Foundation

GASTRONOMIE Monkey Bar, NENI Berlin, Irish Pub im Europa-Center, One Lounge, Kranzler-Eck, Café The Barn, Quasimodo Bar, Kolja Kleeberg & Hans-Peter Wodarz Palazzo, Bar-Restaurant Papillon, Schleusenkrug

SHOPPING Bikini Berlin, Europa-Center

NATUR Zoologischer Garten, Tiergarten

Vorbild für die U-Bahnhalle war ein Mausoleum

Wittenbergplatz

In der Mitte des Wittenbergplatzes befindet sich das markante kreuzförmige Zugangsgebäude zum gleichnamigen U-Bahnhof mit klassizistischen Zügen. Wegen eines der höchsten Fahrgastaufkommen in Berlin besitzt der Bahnhof drei Bahnsteige mit fünf nebeneinanderliegenden Gleisen. Von hier aus kann man ausgezeichnet den Kudamm erkunden.

Auf den **Terrassen der Restaurants** am Wittenbergplatz lässt sich wunderbar sitzen, vor allem auf der südlichen Platzhälfte. In jenem Teil des 1892 angelegten Platzes steht der **Lebensalterbrunnen** (1985). Er zeigt zwölf Menschenfiguren verschiedenen Alters, meist paarweise angeordnet.

Auf der nördlichen Platzhälfte entstand zeitgleich ein weiterer Brunnen. Die beiden Wasserspiele stammen von dem Bildhauer Waldemar Grzimek. Der Künstler wählte für beide Springbrunnen eine pilzartige und offene Form.

Bis Mitternacht lässt sich in **Die Sechste im KaDeWe**, dem Food Court des direkt am Wittenbergplatz gelegenen Kaufhauses des Westens, schlemmen und genießen. Über 30 Restaurants, Bars und Food Counter, begleitet von einem wunderbaren Ausblick, bilden ein Mekka für Gourmets. Zu späterer Stunde führt nach Geschäftsschluss ein eigener Aufzug direkt zu den Restaurants und Bars. Die berühmte Feinschmeckeretage lässt den Connaisseur wählen zwischen rund 34.000 verschiedenen Artikeln, darunter 3400 Weine aller Kontinente und mehr als 1300 Käsesorten. Die älteste Flasche des Hauses stammt aus dem Jahr 1864. Ein weiteres Highlight ist die Fish-&-Seafood-Abteilung, die

Fahrkartenschalter aus Holz, Sonnenplätze auf der Nordseite des Platzes

Lebensalterbrunnen (Detail), »Normaler« Platz, Konsumtempel KaDeWe

Erstes Science Center der Welt, die Urania: Man lernt nie aus

neben heimischen Fischen auch besonders ausgefallene Spezialitäten anbietet.

Folgt man der Ansbacher Straße von der Nordhälfte des Wittenbergplatzes aus und überquert die Kurfürstenstraße, gelangt man gleich an der Ecke linker Hand zum **Deutschen Institut für Normung (DIN)**. Insgesamt gibt es in Deutschland mehr als 35.000 Normen, die hier erarbeitet und verwaltet werden. Die wohl bekannteste Norm ist »DIN A4« für Papier aus dem Jahr 1922. Gleich gegenüber liegt der **DIN-Platz**, der »normalste« Platz Deutschlands. Der Platz ist eigentlich unspektakulär, allerdings scheint hier alles tatsächlich genormt zu sein: die Pflasterplatten bezüglich ihrer Größe, ebenso der Anti-Rutsch-Belag und auch die Betoneinfassungen der Blumenbeete.

Geht man vom Wittenbergplatz aus in östliche Richtung, trifft man an der Kleiststraße links auf die **Urania** (An der Urania 17). Im Jahr 1888 wurde in Berlin das damals revolutionäre Projekt verwirklicht, die neuesten wissenschaftlichen Erkenntnisse und Erfindungen einem breiten Publikum vorzustellen. So entstand das erste Science Center der Welt. Heute bietet die Urania Veranstaltungen aus allen Wissensgebieten und ein vielfältiges Kultur- und Reiseprogramm. Es gibt Vorträge zu aktuellen Fragen der Natur- und Geisteswissenschaften, zu Medizin und Gesundheit sowie über andere Länder und Kulturen. Zum Programm gehören auch Podiumsdiskussionen, Filme, Führungen, Seminare und künstlerische Darbietungen. Vor der Urania steht die **Skulptur »Arc de 124,5°«** (1987) von Bernar Venet. Der französische Künstler beschäftigte sich mit mathematischen Problemen und kunsttheoretischen Fragen. Er unterrichtete an der Sorbonne und schuf zahlreiche Stahlskulpturen als Kreisbogenfragmente und Ringformen.

U-Bahnhof Wittenbergplatz

Eröffnung: 1902 (Neubau: 1912), Ortsteil: Schöneberg

KUNST UND KULTUR Lebensalterbrunnen, Deutsches Institut für Normung mit DIN-Platz, Urania, Skulptur »Arc de 124,5°«

GASTRONOMIE Die Sechste im KaDeWe, rund um den Wittenbergplatz gibt es viele Restaurants

SHOPPING KaDeWe und Geschäfte entlang der Tauentzienstraße

NATUR Wittenbergplatz

Metropol-Theater

Nollendorfplatz

Die Gegend rund um den Nollendorfplatz ist bunt, trubelig und vielfältig. Bereits in den 1920er Jahren hatte das queere Nachtleben Berlins hier sein Zentrum. Und auch heute noch sind rund um den nicht weit entfernten Winterfeldtplatz queere, aber auch andere Bars zu finden, die die Gegend für alle Berliner und Gäste interessant werden lassen.

Der Nollendorfplatz rund um den Bahnhof ist ein als Platz schwer auszumachendes und eher unspektakuläres Gebiet. An der Nummer 5 steht jedoch das **Metropol**, das für Events, Konzerte und Partys genutzt wird. Das Gebäude entstand 1905/06 nach Plänen des Architekten Albert Froelich und durchlebte eine wechselhafte Geschichte als Schauspiel-, Theater- und Konzerthaus, als Kino, Operettenhaus, politisches Theater und Club. Vor dem Metropol steht die **Regenbogenstele**.

Folgt man der vom Bahnhof nach Süden führenden Maaßenstraße und biegt links in die **Nollendorfstraße** ein, durchläuft man bis zur Zietenstraße eine historisierte Fußgängerzone, flankiert von Mietshäusern und mit Straßenschildern in altdeutscher Schrift. Die einheitliche Altbaufront wurde in der zweiten Hälfte der 1970er Jahre saniert. Außergewöhnlich ist, dass hier Bäume und ein Brunnen in der Straßenmitte stehen.

Kehrt man zurück zur Maaßenstraße und folgt der Nollendorfstraße in die andere Richtung, gelangt man zur **Galerie The Ballery** in der Nummer 11. In der Nummer 17 wohnte von 1930 bis 1933 der Schriftsteller **Christopher Isherwood** (1904–1986) im zweiten Stock links. Damals noch erfolglos, wurde er später mit seinem Buch *Good bye Berlin*, der Vorlage für das Musical und den Film *Cabaret*, berühmt. Isherwood kam wegen des bis heute queeren Viertels nach Berlin und mietete ein Zimmer von Meta Thurau. Die hinter einem Paravent auf einem Sofa schlafende Vermieterin taucht in seinen Berlin-Geschichten als Fräulein Schröder auf. Aus der Mitbewohnerin und Kabarett-Sängerin Jean Ross wurde Sally Bowles. In der Nähe seiner Wohnung lagen berühmte Clubs, darunter das für seine Transvestitenshows bekannte Eldorado (Ecke Motz-/Kalckreuthstraße). Heute befindet sich in dem Haus ein Bioladen. In der Nollendorfstraße 17 trifft man heute die **Bücherwelt J. Wendt**.

Wir kehren erneut zurück in die belebte **Maaßenstraße**, wo sich Kiez-Bewohner mit Touristen und Geschäftsleuten mischen. Seit 2015 soll die Straße eine verkehrsberuhigte Begegnungszone darstellen, aufwendig für 1,3 Millionen Euro umgebaut und nach vielfacher Kritik für einen ähnlich hohen Betrag ein zweites Mal umgestaltet. »Maaßenstraße unter Wasser« lautet das Motto für die Bearbeitung der 69 hier stehenden Betonquader. 22 von ihnen wurden mit thematischem Bezug zum Wasser von zwei Künstlern bemalt. Für die Gestaltung der übrigen Betonquader durften die Anwohner Ideen liefern.

Am Ende der Maaßenstraße erreicht man den **Winterfeldtplatz**, der für seinen Wochenmarkt, dem größten in Berlin, bekannt ist und mittwochs und samstags geöffnet hat. Rund um den Platz mit der eindrucksvollen Kirche St. Matthias finden sich zahlreiche Cafés und Restaurants mit ganz durchmischten Angeboten und Ausrichtungen.

Vom südlichen Nollendorfplatz zweigt die Motzstraße ab. In der Nummer 10 stoßen wir auf **Cayambe**. Die **Hut-**

Winterfeldtplatz, Nollendorfstraße, Isherwood-Wohnhaus, Club Eldorado (1932), Lederladen, queeres Straßenfest

ELDORADO
ELDORADO
HIER IST'S RICHTIG!
ELDORADO
HIER IST'S RICHTIG

LEATHER & RUBBER

Sexuelle Demokratie. JETZT!

Maaßenstraße, Hutmanufaktur, Urban Nation Museum, Luft-Wohnhaus

manufaktur lässt auch Mützen in Ecuador (dort liegt die gleichnamige Stadt) und Europa fertigen.

Das Geschäft **Kristall Kultur** befindet sich in der vom Nollendorfplatz nach Osten führenden Bülowstraße. In der Nummer 106 bietet es antike, aber auch maßgefertigte Kronleuchter an. Auf der gegenüberliegenden Straßenseite liegt der **Plattenladen Riseikel** in der Nummer 5 und in der Nummer 7 an der Ecke zur Zietenstraße trifft man auf das Museum **Urban Nation Museum for Contemporary Art**. Das erste Street-Art-Museum Berlins eröffnete 2017 und möchte mit seinem internationalen Netzwerk Künstler vereinen. Gezeigt werden bei freiem Eintritt über 100 Exponate, das Projekt finanziert sich über Spenden. Einige Gebäude in der Nachbarschaft zeigen weitere Street-Art-Wandbilder.

Entlang der vom Nollendorfplatz nach Norden abzweigenden Karl-Heinrich-Ulrichs-Straße standen auf dem Abschnitt bis zur Kurfürstenstraße um 1900 zu beiden Seiten zehn Villen für wohlhabende Berliner, von denen heute jedoch keine mehr erhalten ist. Die abgehenden Sackgassen Maien- und Ahornstraße zeugen jedoch noch von dem nach dem Gärtnerei- und Gutsbesitzer Georg Friedrich Kielgan benannten Kielgan- oder **Landhausviertel**. Eine idyllische Oase hat hier überlebt: Die **Villa Hoffauer** (Maienstraße 4) gehörte einem Geheimen Commissionsrath. In einem der Villa vorgelagerten schmucken Landhaus aus dem Jahr 1933 lebte und arbeitete der Feuilletonist und Theaterkritiker **Friedrich Luft** (1911–1990). Auf einer Gedenktafel sieht man eine eingravierte Karikatur des Kritikers, die der Schriftsteller Friedrich Dürrenmatt bei einem Besuch anfertigte.

U-Bahnhof Nollendorfplatz (Hochbahnhof)

Eröffnung: 1902 (Erweiterung: 1926), Ortsteil: Schöneberg

KUNST UND KULTUR Metropol, davor die Regenbogenstele, Kirche St. Matthias, Urban Nation Museum for Contemporary Art, Galerie The Ballery, Wohnhaus von Christopher Isherwood, Landhausviertel mit dem Wohnhaus von Friedrich Luft

GASTRONOMIE Die Dichte an Cafés, Restaurants, Bars und Imbissen rund um den Winterfeldtplatz ist sehr hoch.

SHOPPING Hutmanufaktur Cayambe, Kristall Kultur, Plattenladen Riseikel, Bücherwelt J. Wendt

Nelly-Sachs-Park

Bülowstraße

Viele Jahre war der Kiez um die Bülowstraße vor allem geprägt von Prostitution und Drogenhandel. Doch seit Mitte der 2010er Jahre zählt die Gegend zu den gefragten Innenstadtquartieren. Im Jahr 2020 ließ sich der internationale Musikkonzern Sony Music hier nieder. Nördlich des Bahnhofs zwischen Kurfürsten- und Lützowstraße haben sich mittlerweile viele zeitgenössische Galerien angesiedelt.

Auf ein Großstadtidyll trifft man, wenn man der Bülowstraße vom Bahnhof aus Richtung Westen bis zur Nummer 18 folgt. Hier verbirgt sich zwischen Kirschsträuchern, Bambus und alten Kiefern in einer umgebauten Shell-Tankstelle aus dem Jahr 1956 das **Kleine Grosz Museum**. Der Schweizer Galerist und Sammler Juerg Judin baute die ungewöhnliche Immobilie zu einem Wohn- und Atelierhaus für Kunstereignisse und Ausstellungen um. 2022 stellte er das Gebäude dann dem Museum zur Verfügung, das sich mit dem Werk des Berliner Malers, Grafikers und Karikaturisten George Grosz (1893–1959) beschäftigt, der in den 1920er Jahren sozial- und gesellschaftskritische Gemälde und Zeichnungen anfertigte.

Folgt man der am Museum von der Bülowstraße abzweigenden Frobenstraße Richtung Norden, erreicht man an der Ecke Kurfürstenstraße 145 den nicht kommerziellen Ausstellungsort **CCA Berlin Center for Contemporary Arts** (Eingang über Frobenstraße). Gegenüber befindet sich die **ARTCO Galerie** (Frobenstraße 1).

Geht man die Kurfürstenstraße entlang Richtung Westen, kommt man bei der Nummer 39 zum **Friseursalon von**

Der U-Bahnhof ist ein Hochbahnhof

Erwin Anthofer. Sein Geschäft existiert seit über 30 Jahren. Kaum etwas hat sich in dem winzigen, vollgestellten Herrenfriseur und Experten für Façonschnitte seit dem Ende des Zweiten Weltkrieges verändert, denn den Großteil der Einrichtung und Gestaltung hat Anthofer von seinem Vorbesitzer übernommen und so die Wirtschaftswunder-Atmosphäre erhalten.

Einen weiteren Kunstort erreicht man, wenn man der Kurfürstenstraße wieder Richtung Osten bis zur Potsdamer Straße folgt und rechts in die Straße abbiegt: die **Notagallery** in der Nummer 124.

Läuft man die Potsdamer Straße weiter entlang, passiert man das **Einstein Kaffee**, kurz bevor die Hochbahngleise die Straße queren. Wenige Meter weiter südlich hatte in der Nummer 131 von 1987 bis 1991 der private Rundfunksender **Radio 100** seinen Sitz. Das Programm war linksalternativ ausgerichtet und unterstützte durch seine Sendung »Radio

Glasnost« die Oppositionellen in der DDR. Noch ein Stück weiter erreicht man in der Nummer 139 die **Frauenkneipe BEGiNE.** Sie wurde 1986 als Kulturzentrum in einem besetzten Haus gegründet. Es entstand Wohnraum für Frauen und Kinder, eine betreute Mädchen-WG sowie Raum für Frauengruppen.

Weiter südlich zweigt auf der rechten Seite die Winterfeldtstraße ab. Dort trifft man in der Nummer 7 auf das **Tori Katsu**. Das in den Farben Rot und Weiß gehaltene Restaurant wurde 1968 von Kaiza Murata gegründet und ist der älteste japanische Imbiss der Stadt. Äußerst beliebt ist das gleichnamige panierte Hähnchenschnitzel »Tori Katsu« mit Bratensauce, Reis und Krautsalat. Dazu teilt der Koch die Hühnerbrust fast quer und verdoppelt sie so in der Größe. Stammkunden schlürfen, während sie auf ihre Bestellung warten, eine köstliche Gratis-Eierstich-Hühnersuppe.

Wieder am Bahnhof führt die Bülowstraße in östliche Richtung zum **Nelly-Sachs-Park**, der Ende der 1980er Jahre angelegt wurde. Die jüdisch-deutsche Schriftstellerin und

Kleines Grosz Museum, Friseur Anthofer

Frauenkneipe, japanischer Imbiss, Hausdurchbruch für die U-Bahn

Lyrikerin Nelly Sachs (1891–1970) wuchs in Schöneberg auf. Der Park enthält einen Schloss-Spielplatz und ein Basketballfeld.

An der Ecke Dennewitz-, Bülowstraße fuhr ab Beginn des 20. Jahrhunderts die **Hochbahn** mitten **durch ein Haus**. Eine Infotafel erinnert daran. Damals war die Straße noch lückenlos mit vornehmen Mietshäusern bebaut. Für die Durchfahrt mussten drei Hausetagen teils abgerissen werden. Im Jahr 1943 zerstörten Bomben das Haus. Heute verläuft hier die sogenannte Pastorenkurve, mit der die

Hochbahn-Trasse die Lutherkirche mit respektvollem Abstand seit Beginn des 20. Jahrhunderts umfährt. Nördlich des Parks in der Dennewitzstraße 2 steht übrigens ein weiteres »Tunnelhaus«, durch das bis heute täglich mehr als 600 Züge der Linien U1 und U3 fahren.

Geht man die Bülowstraße weiter und biegt an der Amerikanischen Kirche rechts ab, erreicht man auf der gegenüberliegenden Straßenseite die Nummer 66. Dort befindet sich das einzige norwegische Restaurant in Deutschland: **Munch's Hus**. Hinter dem Eingang zu dem denkmalgeschützten **Gewerbehof Bülowbogen**, einer ehemaligen Druckerei, gibt es Elchbraten und viele Fischgerichte. Der expressionistische Maler Edvard Munch (1863–1944) wohnte in der Lützowstraße und erlebte in Berlin seinen künstlerischen Durchbruch.

U-Bahnhof Bülowstraße (Hochbahnhof)

Eröffnung: 1902, Ortsteil: Schöneberg

KUNST UND KULTUR Das Kleine Grosz Museum, CCA Berlin Center for Contemporary Arts, Notagallery, ARTCO Galerie, Radio 100

GASTRONOMIE Einstein Kaffee, Frauenkneipe BEGiNE, Tori Katzu, Munch's Hus

NATUR Nelly-Sachs-Park, Dennewitzplatz

Entspannen im Park am Gleisdreieck

Gleisdreieck

Aus einer unzugänglichen Brache ist mitten in Berlin der Park am Gleisdreieck entstanden. 2013 angelegt, wird er seitdem vielfältig genutzt: Skater und Jogger, Spaziergänger und Beachvolleyballer, Picknicker und Naturfreunde entdecken die urbane Grünanlage.

Die westliche Parkhälfte (Westpark) beginnt gleich am U-Bahnhof. Über den gesamten Park sind Spielplätze verteilt, einige mit großem Kletter- und Wasserspielbereich, so zum Beispiel zwischen den Eingängen Lützow- und Pohlstraße und am Eingang Kurfürstenstraße.

Der **Kiosk Uhu** bietet Getränke, Snacks und den Verleih von Tischtennisschlägern. Südlich wartet der **»Naturerfahrungsraum«**, ein naturbelassener Spielbereich. Dort können Kinder auf einer Fläche von 5000 Quadratmetern Pflanzen, Tiere, Boden und Wasser erleben. Besonders spannend ist eine modellierte Lehmlandschaft, die regelmäßig mit Wasser geflutet wird.

Das **Café Eule** liegt inmitten der Kleingartenanlage, die in den Park integriert ist. Hier gibt es selbstgebackene Kuchen und Quiches, frisch gepresste Säfte und Limonaden sowie Kaffeespezialitäten. Eine Oase, in der es sich wunderbar inmitten der 75 Parzellen entspannen lässt.

Der Park am Gleisdreieck bietet mit Sportgeräten, Tischtennisplatten, Schaukeln, Bouleflächen und weitläufigen Arealen, die für verschiedene Sportarten genutzt werden können, viel Abwechslung. Am südlichen Ende des Westparks lässt sich im Sommer **Beachvolleyball** spielen. Im **Beach61** gibt es Duschen, Umkleiden und eine Strandbar.

eule

Am östlichen Rand des Westparks findet jeden Freitag ab 16 Uhr hinter dem Sonnendeck der Street-Food-Markt **Thai Bridge** statt. Verschiedene Anbieter vom Wilmersdorfer Thaipark bieten auf dem Gelände des **Café Jules** authentische Thai-Leckereien, das Café hält Kaffeespezialitäten parat. Es gehört mit zum **B-Part**, einem Experimentierlabor für New Work and Life. Das zweigeschossige, temporäre Holzgebäude bietet seit 2020 Raum für Interessierte, die mit neuen Formen von Leben und Arbeiten experimentieren möchten. Über 100 Co-Working-Arbeitsplätze, ein Kunstatelier, Multifunktionsräume, Events und das Café mit Biergarten sind miteinander verbunden.

Geht man unter der U-Bahntrasse, die hier als Hochbahn verläuft, hindurch, kommt man am östlichen Parkrand zum **BRLO Brwhouse**. Brlo ist der altslawische Name für Berlin. Seit 2017 wird hier in 38 gebrauchten Überseecontainern Bier gebraut. Man kann die Brauerei auf einer Tour kennenlernen oder sich einfach im Biergarten niederlassen und genießen. Aus den ursprünglichen zwei Biersorten Helles und Pale Ale sind inzwischen acht geworden.

Durch den Park führt der **Storywalk Gleisdreieck**. An 27 Hörstationen gibt es zwei- bis vierminütige Beiträge mit Geschichten und Interviews zur Industriekultur oder zum Bürgerengagement. Der Spaziergang ist 2,5 Kilometer lang und zeigt die Historie vom früheren Bahngelände über eine Wildnis bis hin zur Entstehung des heutigen Parks.

Folgt man vom U-Bahnhof aus der Luckenwalder Straße, erreicht man an der Nummer 4–6 die **Station Berlin**. Das heutige Messe- und Veranstaltungszentrum mit seiner märkischen Backsteingotik steht unter Denkmalschutz. Auf seinem Gelände eröffnete im Jahr 1875 der Dresdener Bahnhof. Von 1907 bis 1913 wurde das Areal umgewidmet

Tunneleinfahrt für die Züge, Skyline, idyllisches Café Eule

und der Postbahnhof errichtet, der Berlin über 90 Jahre mit Paketen aus der ganzen Welt und Gütern versorgte. Früher fuhren die Postzüge hier über eine Rampe zum Entladen ins Obergeschoss. Der ausgedehnte Komplex galt als die größte Paketumschlagstelle Deutschlands. Er zog sich zu beiden Seiten des Hochbahnviadukts hin und bestand aus zwei Hallentrakten mit Kopfbauten und zwei Verwaltungsgebäuden.

Der Bahnhof und auch das Postamt ähneln mit ihrer Architektur dem benachbarten **KühlhausBerlin** in der Nummer 3. Es wurde 1900/01 zeitgleich mit dem als Hochbahnanlage errichteten U-Bahnhof erbaut. Neben der Lagerung leicht verderblicher Lebensmittel diente dieser größte Kühlhauskomplex Europas der Eisfabrikation. Schleusen sorgten dafür, dass beim Entladen der Aufzüge die auf ca. –6 °C gekühlte Luft nicht entweichen konnte. Um weitere Kälteverluste zu vermeiden, enthielt das Speichergebäude kaum Fenster. Beide Kühlhäuser waren bis spätestens 1978 in Betrieb, nur eines der Gebäude steht heute noch. Seine fünf Etagen werden mit Events, Konferenzen und Ausstellungen bespielt. Kooperiert wird mit der Station Berlin zum Beispiel zur Fashion Week.

Im früheren Verwaltungsgebäude des Kühlhauses in der Trebbiner Straße 9 ist der Eingang des **Deutschen Technikmuseums** untergebracht. Über der Dachterrasse des viergeschossigen gläsernen Museumsneubaus schwebt ein Rosinenbomber vom Typ Douglas C–47 B Skytrain. Das mehrere Gebäude und ein großes Außengelände umfassende Museum befindet sich zum Teil auf dem ehemaligen Anhalter Güterbahnhof und dem Bahnbetriebswerk. In den zwei historischen Lokschuppen sind 40 Eisenbahnfahrzeu-

Beachvolleyball, Thai Food, Station Berlin, Biergarten im BRLO Brwhouse

HAUPTSTADT MASTERS
EDEKA
HAUPTSTADT MASTERS
EDEKA

BVG

ge aus der Zeit von 1843 bis 1960 zu sehen. Der östliche Kopfbau enthält heute das **Science Center Spectrum**, das zum Experimentieren einlädt. An über 150 Stationen werden physikalische Phänomene spielerisch und interaktiv erklärt.

Der dahinterliegende Güterschuppen enthält die Straßenverkehrs-Ausstellung »Mensch in Fahrt – unterwegs mit Auto & Co.« mit Kutschen, Fahrrädern, Motorrädern und 30 historischen Automobilen sowie die Ausstellung »Das Netz. Menschen, Kabel, Datenströme«.

Linke Seite: Rosinenbomber am und Luftfahrt-Ausstellung im Technikmuseum

U-Bahnhof Gleisdreieck (Hoch- und Turmbahnhof)

Eröffnung: 1902 (Umbau: 1912/13), Ortsteil: Kreuzberg

KUNST UND KULTUR Storywalk Gleisdreieck, B-Part, Station Berlin, KühlhausBerlin, Deutsches Technikmuseum, Science Center Spectrum

GASTRONOMIE Kiosk Uhu, Café Eule, Street-Food-Markt Thai Bridge, Café Jules, BRLO Brwhouse

NATUR Park am Gleisdreieck

KINDER »Naturerfahrungsraum«

Der Meistersaal, eine Musikführung im Oldtimer-VW Bus

Mendelssohn-Bartholdy-Park

Die U2 ist hier eingehaust von zwei Wohn- und Hotelgebäuden. Den anliegenden Hafenplatz prägen Bauten aus den 1970er Jahren, in denen im geteilten Berlin wegen der Randlage Studenten günstig wohnen konnten. Von dieser Station aus gibt es mehr zu entdecken als es zunächst scheint. Die Familie des Komponisten Felix Mendelssohn Bartholdy wohnte ab 1825 nicht weit entfernt in einem Palais in der Leipziger Straße, wo heute das Bundesratsgebäude steht.

Der **Mendelssohn-Bartholdy-Park** entstand von 1960 bis 1967 anstelle des früheren Schöneberger Hafens. Er befindet sich östlich der U-Bahnstation, die deshalb zunächst Hafenplatz hieß. Dort lässt sich am östlichen Rand **Indian Street Food** essen (Schöneberger Straße 22).

Ein weiterer Park ist der **Tilla-Durieux-Park**, benannt nach der gleichnamigen Schauspielerin (1880–1971). Er verläuft seit 2003 als ein Band vom Potsdamer Platz nach Süden bis zum Landwehrkanal. Zwei schräg ansteigende Flächen mit Steilböschungen zu den beiden Seitenalleen bilden diese Rasenskulptur. In einem Einschnitt stehen fünf lange Wippen, die allerdings wegen Sicherheitsbedenken fixiert sind.

Vom Park geht es über den Durchgang Bernburger Treppe östlich zur parallel verlaufenden Köthener Straße. Dort befindet sich in der Nummer 38 der zweigeschossige **Meistersaal**, ein ehemaliger Kammermusiksaal von 1913. Früher wurden hier nach bestandener Prüfung die Meisterbriefe

Blick von der Terrasse des Scandic Hotels, Mendelssohn-Bartholdy-Park

ausgehändigt. Das Plattenlabel Ariola nutzte die Räume von 1961 bis 1976 für Schallplattenaufnahmen. Im Jahr 1976 erwarben die Meisel Musikverlage das Gebäude, um dort ihre fünf Hansa-Tonstudios einzurichten. Mit seiner sieben Meter hohen Holzkassettendecke wurde der Meistersaal als das Hansa-Tonstudio 2 und als »Studio by the wall« berühmt für die Aufnahmen von David Bowie, Iggy Pop, Depeche Mode und U2. Nach dem Mauerbau 1961 wirkte die Szenerie, die durch das Ambiente des außergewöhnlichen Aufnahmeraums und seine abgeschiedene Lage an der Berliner Mauer entstand, besonders für anglo-amerikanische Künstler anziehend und inspirierend. Seit den 1990er Jahren wird der Meistersaal für unterschiedliche Veranstaltungen genutzt. Regelmäßig finden dort Führungen statt.

Moderne Kunst zeigt in der Gegenrichtung die Köthener Straße hinunter die **Bark Berlin Gallery** in der Nummer 28. Daneben lässt sich indonesisch essen im **Mabuhay** (Hafenplatz 6).

Thematisch setzt sich unser Spaziergang nun ganz anders fort. Das Projekt **ROOF WATER-FARM** in der von der Köthener Straße abzweigenden Bernburger Straße 22 zeigt, wie sich auch in einer Großstadt gesundes Gemüse und frischer Fisch direkt vor der eigenen Tür nachhaltig züchten lassen. Dazu wird das Abwasser aus den umliegenden Haushalten, das von den 230 Bewohnern aus Dusche oder Küche kommt, genutzt. Nach seiner Reinigung und Aufbereitung wird es in Becken mit Schleien und Karpfen geleitet. Von dort fließt es, durch die Ausscheidungen der Tiere und Futterreste als Dünger angereichert, weiter zu den Gemüsebeeten. Im Innenhof von Block 6, einem IBA-Wohnbau-Projekt von 1987, wachsen Salat, Pak-Choi und Erdbeeren. Führungen sind buchbar.

Der Weg zur ROOF WATER-FARM führt an einem **Torbogen** (1987, Michael Schoenholtz) vorbei, der an die nicht mehr vorhandene Alte Philharmonie erinnert.

Die Bernburger Straße weiter hinunter treffen wir auf die **St.-Lukas-Kirche** (Nummer 4/5) und ein **Mural** von Telmo Miel und James Bullough (Nummer 35). Die **Stadtklause** im selben Gebäude versprüht mit dem selbst gebauten Holzinterieur, rustikalen Bierbänken und Barhockern sowie einer vertäfelten Decke den Charme einer Ur-Berliner

Die Wippen im Tilla-Durieux-Park sind inzwischen arretiert

ROOF WATER-FARM, Stadtklause, Berlin Story Bunker, The Feuerle Collection

Kneipe. Die Gaststätte mit Mittagskarte gibt es bereits seit 1909. Begleitet von selbstgebackenem Brot lassen sich hier klassische Berliner Spezialitäten genießen. Im Keller mit preußischen Kappendecken befindet sich eine Ausstellung zum Anhalter Bahnhof und zur Alten Philharmonie.

Der **Berlin Story Bunker** in der noch etwas weiter südlich gelegenen Schöneberger Straße 23a wurde als Anhalter Bunker 1942 im Zweiten Weltkrieg für 3500 Personen errichtet. Die Dokumentation »Hitler – wie konnte es geschehen« zeigt heute über drei Stockwerke, wie es zur Hitler-Begeisterung kam, zu unvorstellbarer Brutalität und Völkermord. Im zweiten Teil des Bunkers ist die Ausstellung »Deutschland 1945 bis heute« zu sehen.

Folgt man vom Bahnhof aus dem Halleschen Ufer entlang des Landwehrkanals nach Süden, trifft man bei der Nummer 70 auf das 2016 von dem Sammler Désiré Feuerle eröffnete Kunstmuseum **The Feuerle Collection**. Es befindet sich in einem ehemaligen Telekommunikationsbunker, dem BASA-Bunker. Der Besucher betritt zunächst einen dunklen Raum, wo er mittels Klängen von John Cage auf eine Welt der Schönheit und Exotik eingestimmt wird. Um die Ecke blickt man dann in den Kunstraum. Ausgestellt werden auf zwei Etagen Khmer-Skulpturen des 7. bis 13. Jahrhunderts aus Stein, Bronze und Holz, kaiserlich-chinesische Lack- und Steinmöbel sowie zeitgenössische Kunstwerke. In der kuriosen Gegenüberstellung dieser Werke liegt der kuratorische Ansatz für Feuerles Sammlung. Ein begleiteter Besuch ist nach Voranmeldung möglich.

U-Bahnhof Mendelssohn-Bartholdy-Park (Hochbahnhof)

Eröffnung: 1998, Ortsteil: Tiergarten

KUNST UND KULTUR Meistersaal, Bark Berlin Gallery, Torbogen, St.-Lukas-Kirche, Mural, Berlin Story Bunker, The Feuerle Collection

GASTRONOMIE Mabuhay , Stadtklause, Indian Street Food

NATUR Mendelssohn-Bartholdy-Park, Tilla-Durieux-Park, ROOF WATER-FARM

Vietnamesisch essen am Piano-See

Potsdamer Platz

Auf dem Potsdamer Platz mit seinen Hochhäusern pulsiert das Geschäftsleben. In den für deutsche Städte ungewöhnlichen Gebäuden sind vor allem Büros untergebracht. Unzählige Restaurants, Cafés und Kneipen bieten den Büromenschen, aber auch den zahlreichen Touristen eine reichhaltige Auswahl an Speisen und Getränken. Mit zwei Shopping Malls, Museen, Kinos, Legoland und zahlreichen weiteren Angeboten lässt sich auf relativ kleinem Raum viel entdecken.

Der U-Bahnhof Potsdamer Platz befindet sich östlich des Platzes, unterhalb des Leipziger Platzes. Bei seiner Fertigstellung 1907 hieß der Bahnhof auch Leipziger Platz und besaß einen Fußgängertunnel zum gigantischen Warenhaus Wertheim. Heute steht an gleicher Stelle das Einkaufszentrum **Mall of Berlin**. 1923 wurde der Bahnhof in Potsdamer Platz umbenannt. Während der Teilung Berlins lag der U-Bahnhof unter den Grenzanlagen und konnte nicht genutzt werden. Er ist der älteste weitgehend original erhaltene unterirdische U-Bahnhof in Berlin.

Die südliche Platzhälfte hat sich zu einem Museumszentrum entwickelt. Das **Museum Die Mauer/The Wall** (Leipziger Platz 11) erzählt seit 2020 vom Bau der Mauer, dem Leben in der geteilten Stadt und der deutschen Wiedervereinigung. Ein Stück weiter existiert schon seit 2015 das **Deutsche Spionagemuseum** (Nummer 9). Mit modernsten Technologien kann der Besucher die raffinierten und mitunter skurrilen Methoden von Agenten und Geheimdiensten multimedial und interaktiv aufdecken. Es geht von den biblischen Kundschaftern bis in die Hauptstadt der Spione, die

MALL OF BERLIN

Berlin vor allem im Kalten Krieg darstellte. Wer will, kann Geheimcodes dechiffrieren, einen Laserparcours bestehen oder das eigene vermeintlich sichere Passwort knacken lassen. Zu den über 500 Exponaten gehören zwei originale Enigma-Chiffriermaschinen, seltene CIA- und KGB-Spionagekameras sowie Requisiten aus James-Bond-Filmen. Gleich nebenan zeigt sich das **Deutschlandmuseum** (Nummer 7) als ein immersives Erlebnismuseum. 2000 Jahre deutsche Geschichte werden in zwölf Epochen präsentiert, eine Zeitreise in die Vergangenheit. Mit moderner Technik präsentieren sich auf zwei Etagen in Form eines 4D-Museums lebensgroße, detailgetreue Welten zum Eintauchen. Beeindruckende Kulissen, Projektionen, Umgebungsgeräusche und sogar Gerüche erwecken die historischen Orte zum Leben.

Auf klassischere Weise stellt sich das **Koreanische Kulturzentrum** in der Nummer 3 vor. Sei es die koreanische Sprache, die koreanische Küche Hansik oder K-Pop: Mit Aufführungen, Ausstellungen und Filmen erfährt der Besucher Interessantes rund um die südkoreanische Kultur.

Der Weg über die große Kreuzung führt westlich in die Potsdamer Straße. Im Filmhaus am Potsdamer Platz 2 befindet sich unter dem Dach des früheren Sony Centers das **Museum für Film- und Fernsehgeschichte.** Gezeigt werden mehr als 100 Jahre Film und 50 Jahre Fernsehen in Deutschland, angefangen bei den ersten noch ruckeligen Bildern des Stummfilms und den frühen Tonfilmen zu Beginn der 1930er Jahre. Die Ausstellung ist spektakulär inszeniert: Spiegelsäle, Lichtinstallationen und überraschende Passagen erzählen von der Faszination der bewegten Bilder. Ein Highlight ist die Marlene Dietrich Collection mit Show-Kostümen und persönlichen Gegenständen.

Einkaufsmall, Deutsches Spionagemuseum, Koreanisches Kulturzentrum

Direkt nach dem Museumsbesuch können Sie ins Kino gehen: Im Untergeschoss befindet sich das **Programmkino Arsenal.** Hier laufen in zwei Sälen Retrospektiven mit alten Filmen, innovative Videokunst und experimentelle Filmkunst. Der **Boulevard der Stars** inmitten der Potsdamer Straße ehrt Prominente aus dem deutschsprachigen Raum, die in Film und Fernsehen Herausragendes geleistet haben, mit einem Stern. Leider verkommt die Anlage zunehmend. Die aufgestellten Kameras ermöglichen mit einem speziellen Verfahren, dass die jeweiligen Stars auf den Selfies der Besucher auftauchen.

Auf der anderen Seite des früheren Sony-Centers treffen wir in der Ruine des Hotels Esplanade auf **The Deli** (Bellevuestraße 1). Es gibt Salate, Lunch und Snacks, alles frisch und lecker.

Kinder freuen sich auf das **Legoland Discovery Center** (Potsdamer Straße 4). Zu erleben sind neben dem Ninjago City Adventure und dem Dino Explorer eine Lego-Fabrik, ein 4D-Kino, Lego-Studios, ein Miniland mit Sehenswürdigkeiten aus Lego, Fahrgeschäfte sowie Bau- und Spielmöglichkeiten mit einem Bau-und-Test-Center und Modellbau Workshop.

Hoch hinauf geht es auf den **Panoramapunkt Berlin** im Kollhoff-Tower, dem markanten roten Backsteinbau am Potsdamer Platz. Der Haupteingang liegt in der Potsdamer Straße 1, gegenüber dem gläsernen DB-Tower. Im 24. und 25. Stock befinden sich in ca. 100 Metern Höhe die Aussichtsplattform, eine Ausstellung zur Platzgeschichte und ein rundum verglastes Café.

Das **Theater am Potsdamer Platz** am Marlene-Dietrich-Platz 1 ist mit 1754 Sitzplätzen eines der größten in Deutschland. Heute dient es für Gastspiele und als Aus-

Leipziger Platz, Kino Arsenal, Restaurant The Deli, Legoland

ARSENAL
UKRAINISCHE TRAEUME
ARCHIV ALS RESSOURCE
KINO

Potsdamer Platz, Performance-Theater, Weinhaus Huth

weichspielstätte für die Komödie am Kurfürstendamm. Während der Berlinale stellt es die Hauptspielstätte der Internationalen Filmfestspiele Berlin (»Berlinale Palast«) dar. Sushi und vietnamesische Küche gibt es im **Viet Bowl**, hinter dem Theater gelegen. Entspannt blickt man beim Essen über den Piano-See, in dem dicke Kois ihre Kreise ziehen. Das Restaurant mit offener Küche zeigt eine moderne, asiatisch angehauchte Einrichtung mit rustikalen Elementen und edlem Holz. Auf der anderen Platzseite tritt die **Blue Man Group** im Stage BLUEMAX Theater auf (Marlene-Dietrich-Platz 4). Sie zeigt dort seit 2007 eine Mischung aus Rockshow, Comedy, Percussion-Spektakel und Action-Painting. Sechs blau maskierte Darsteller und 16 Musiker aus neun Nationen bringen die Show auf die Bühne.

Am Eingang des Einkaufszentrums **The Playce** steht das **Weinhaus Huth.** 1912 fertiggestellt, beherbergte es eine Weinhandlung und ein -restaurant im ersten Stock. Heute befindet sich hier das **Café The Barn**. Im Einkaufszentrum bietet das **Caffè e Gelato** echtes italienisches Speiseeis aus eigener Herstellung mit natürlichen Zutaten.

Das Kino **CinemaxX** gleich gegenüber in der Potsdamer Straße 5 zeigt täglich 52 Filme (vor allem Blockbuster) in 19 Sälen (3500 Sitzplätze).

U-Bahnhof Potsdamer Platz

Eröffnung: 1902 (Neubau: 1907),
Ortsteil: Tiergarten

KUNST & KULTUR Museum Die Mauer / The Wall, Deutsches Spionagemuseum, Deutschlandmuseum, Koreanisches Kulturzentrum, Museum für Film und Fernsehen, Kino Arsenal, CinemaxX, Boulevard der Stars, Theater am Potsdamer Platz, Blue Man Group, Panoramapunkt Berlin

GASTRONOMIE The Deli, Viet Bowl, The Barn, Caffè e Gelato

SHOPPING Mall of Berlin, The Playce (Shopping Mall)

KINDER Legoland Discovery Center

NATUR Tilla-Durieux-Park, Henriette-Herz-Park, Leipziger Platz

Denkzeichen Georg Elser

Mohrenstraße

Dieser U-Bahnhof sorgt für Gesprächsstoff: Wurde hier nicht Marmor aus der zerstörten Reichskanzlei verarbeitet? Nein, das Material kam nach dem Krieg zu seiner Reparatur aus Thüringen. Müsste der Bahnhof nicht umbenannt werden? Wird er, sein Name hängt mit der brandenburgisch-preußischen Kolonialzeit zusammen, als Männer aus Westafrika um 1700 als Militärmusiker sowie Hof- und Kammerdiener in Berlin arbeiten mussten.

Wer aus der U-Bahnstation auftaucht, schaut westlich auf den **Zietenplatz**. Der im Barockstil gehaltene frühere Exerzierplatz entstand 1737 im Auftrag Friedrich Wilhelms I. und trägt den Namen des preußischen Reitergenerals Hans Joachim von Zieten (1699–1786). In südlicher Richtung führt der Weg über die Glinka- und Mauerstraße zum **Museum für Kommunikation** (Leipziger Straße 16). Besucher können in dem imposanten Gebäude die wichtigsten Etappen der menschlichen Kommunikation verfolgen – angefangen beim steinzeitlichen Faustkeil über die Etablierung des Postwesens bis hin zum modernen Smartphone. Folgt man der Leipziger Straße in westliche Richtung, sieht man an der Ecke Wilhelmstraße eine auf einem Betonsockel stehende **Telefonzelle**. Die erste Telefonzelle, zu Beginn noch Fernsprechkiosk genannt, ging 1881 am Potsdamer Platz in Betrieb. Auf der gegenüberliegenden Straßenseite befindet sich in einem Plattenbau das **Bulgarische Kulturinstitut** (Leipziger Straße 114/115), das Filme und Ausstellungen bulgarischer Maler und Bildhauer zeigt.

Geht man den Weg zurück, am U-Bahnhof vorbei, in nördliche Richtung, trifft man auf der linken Seite auf die

Zur U-Bahn auf dem Zietenplatz, die Generäle Winterfeldt und Schwering

Museum für Kommunikation, Bulgarisches Kulturinstitut

Café Steel Vintage Bikes, Nö! Weingalerie und Café, Schleiermacherhaus (1910)

überwucherte Fassade des **Nö! Weingalerie und Café** (Glinkastraße 23). Eine Oase in der Großstadt, die mit ihrem rustikalen Stil und im Sommer mit einem kleinen Weingarten bezaubert. Zum Elsässer Flammkuchen trinkt man am besten einen Gewürztraminer oder einen Elsässer Pinot Blanc.

Ein Stück zurück an der Ecke Glinka-, Taubenstraße stehen von den ursprünglich drei barocken Pfarrhäusern der Dreifaltigkeitsgemeinde von 1739 nur noch zwei. Dadurch entstand ein Bruch an diesem historischen Ort. Ein Neubau soll das fehlende **Schleiermacherhaus** (Glinkastraße 14) in dem prächtigen Barockensemble ergänzen.

Das **Denkzeichen Georg Elser** (Ecke Wilhelmstraße 49, An der Kolonnade) erinnert an den Hitlerattentäter und Widerstandskämpfer gegen den Nationalsozialismus. Nach seinem gescheiterten Bombenattentat auf Adolf Hitler 1939 im Münchener Bürgerbräukeller wurde Elser interniert und kurz vor Kriegsende 1945 im Konzentrationslager Dachau ermordet. Die über 17 Meter hohe Stahlskulptur fertigte 2011 der Berliner Künstler Ulrich Klages. Sie steht auf dem Areal des ehemaligen »Führerbunkers«.

An der Ecke Voßstraße lässt sich bei **Peking Ente** in der Nummer 1 vorzüglich chinesisch essen. Auf derselben Straßenseite wird im **Café Steel Vintage Bikes** (Wilhelmstraße 91) die Geschichte des Radsports gefeiert. Wer nicht ohnehin mit dem Rad gekommen ist, kann eines der Oldtimer-Rennräder erwerben, die an den Wänden des gemütlichen Cafés hängen.

U-Bahnhof Mohrenstraße

Eröffnung: 1908, Ortsteil: Mitte

KUNST UND KULTUR Zietenplatz mit Statuen, Museum für Kommunikation, Telefonzelle, Bulgarisches Kulturinstitut, Schleiermacherhaus, Denkzeichen Georg Elser

GASTRONOMIE Nö! Weingalerie und Café, Café Steel Vintage Bikes, Peking Ente

Deutscher Dom mit Demokratie-Ausstellung auf dem Gendarmenmarkt

Stadtmitte

Verlässt man den U-Bahnhof Stadtmitte, tritt man wiederum auf die Mohrenstraße, von der aus das Viertel zwischen Friedrichstraße und Gendarmenmarkt erkundet werden kann. Noble Geschäfte wechseln sich mit Sternerestaurants ab und der frühere Marktplatz mit Konzerthaus sowie Deutschem und Französischem Dom beeindruckt auch Einheimische immer wieder aufs Neue.

An der Ecke Mohren-, Charlottenstraße kommt man zum **Rausch Schokoladenhaus** (Charlottenstraße 60), das mit mehreren Kilogramm schweren Kunstwerken aus Schokolade überzeugt. Neben der Titanic (265 kg) sind die Berliner Wahrzeichen nachgebildet, darunter das Brandenburger Tor (485 kg) und der Reichstag (288 kg). Seit 1999 gilt das 1918 gegründete Rausch Schokoladenhaus mit seinen drei Etagen als das weltgrößte seiner Art. Die Edelkakao-Schokolade lässt sich in einem **Café** auch als Trinkschokolade genießen.

Westlich an der Friedrichstraße, trifft man bei der Nummer 67 inmitten des Quartiers 205 Department Store auf die **Skulptur »Turm von Klythie«** (1994/95) des US-amerikanischen Pop-Art-Künstlers John Chamberlain. Sie besteht aus bunten und verchromten Schichten gepresster Karosserieteile. Der Turm befindet sich im Atrium des Gebäudeblocks und ragt mit seinen elf Metern, gekrönt von einer Blütenhaube, vom Keller über zwei Etagen in den Himmel. Umgeben ist er von dem vietnamesischen **Restaurant Royals & Rice** mit offener Küche.

Zurück am Gendarmenmarkt, trifft man westlich vom Deutschen Dom auf **zwei japanische Schnurbäume**, die

Rausch Schokoladenhaus, Skulptur »Turm von Klythie«, Schnurbäume

Deutscher Dom und Konzerthaus, Russisches Haus

Der Domturm von innen, U-Bahn-Eingang auf der Friedrichstraße

wegen ihrer Seltenheit ein Naturdenkmal bilden. Bei der Umgestaltung des Gendarmenmarktes von einem Markt- in einen Schmuckplatz wurden die beiden Bäume um 1894 gepflanzt. Musikalischen Genuss erfährt man im **Konzerthaus** in der Platzmitte. Der Wiederaufbau wurde einst als Theater von Karl Friedrich Schinkel entworfen.

Folgt man der Charlottenstraße in nördliche Richtung, steht an der Ecke zur Taubenstraße (Nummer 56) das **Restaurant Lutter & Wegner**. Zwei Kaufleute pachteten 1811 ein Lokal im Haus Nummer 49, das nicht mehr erhalten ist. Heute ist das Grundstück mit dem Regent Hotel überbaut. In dem Restaurant verkehrten zwischen 1815 und 1822 der Dichter E. T. A. Hoffmann und der Schauspieler Ludwig Devrient. Den Gästen des Traditionslokals wird eine Auswahl von mehr als 700 Weinen bei gehobener Küche geboten.

Einen wunderbaren Blick auf den Gendarmenmarkt hat man aus dem **Restaurant Beletage im Hilton Hotel** in der

Mohrenstraße 30 vor allem dann, wenn man mit Domblick in der sich über die Gebäudefassade wölbenden Kuppel sitzt. Drei Tische à vier Plätze warten dort auf Gäste.

Bei freiem Eintritt lässt sich im **Deutschen Dom** (1780–1785) am Gendarmenmarkt die Ausstellung »Wege – Irrwege – Umwege« über die Entwicklung der parlamentarischen Demokratie in Deutschland besuchen. Herzstück der Ausstellung auf fünf Etagen ist ein originalgetreuer Plenarsaal in Kleinformat. Hier können die Besucher selbst Parlamentarier sein. Souvenirs kann man an der östlichen Seite des Platzes im **AMPELMANN Shop** (Markgrafenstraße 37) kaufen.

Das **Russische Haus** in der Friedrichstraße 176–179 ist ein Veranstaltungs- und Kulturzentrum, das von der im russischen Außenministerium angesiedelten Regierungsagentur Rossotrudnitschestwo betrieben wird und als das weltweit größte aller sowjetischen Auslandskulturzentren gilt.

U-Bahnhof Stadtmitte

Eröffnung: 1908, Ortsteil: Mitte

KUNST UND KULTUR Skulptur »Turm von Klythie«, Konzerthaus, Deutscher Dom, Russisches Haus

GASTRONOMIE Café im Rausch Schokoladenhaus, Royals & Rice, Lutter & Wegner, Restaurant Beletage im Hilton Hotel

SHOPPING Rausch Schokoladenhaus, AMPELMANN Shop am Gendarmenmarkt

NATUR Japanische Schnurbäume

Denkzeichen »Modezentrum«, die Flächen ähneln Ankleidespiegeln

Hausvogteiplatz

Der ideale Ort, um auf idyllische Weise seine Mittagspause zu verbringen, ist der Hausvogteiplatz. Es handelt sich um einen relativ kleinen Platz, der auf einer ehemaligen Festungsanlage entstanden ist. Mittendrauf plätschert gemütlich ein Brunnen, eine Fontäne steigt aus einem bronzenen Kranz von Akanthusblättern auf. Die bewegte Geschichte des Platzes lässt sich nicht auf den ersten Blick erahnen.

Der Hausvogteiplatz erhielt im Jahr 1789 seinen Namen nach einem königlichen Hofgericht, das sich zu Zeiten Friedrichs II. an der Ostseite des Platzes befand. Bis Mitte des 19. Jahrhunderts stand hier auch das Hausvogtei-Gefängnis. Vom 19. bis zum Beginn des 20. Jahrhunderts bildete die Gegend das Berliner Zentrum der Konfektion, die auch überregional bedeutend war. Die Konfektionsbetriebe in jüdischem Besitz waren während der NS-Zeit Ziel massiver Diskriminierungen und Behinderungen. Daran erinnert das **Denkzeichen »Modezentrum«** auf dem Platz, dessen drei schmale, rechteckige Flächen aus verspiegeltem Edelstahl an Ankleidespiegel erinnern.

Die Platzrandbebauung entstand in den 1890er Jahren. In diese Zeit fällt auch die Errichtung des repräsentativen **Hauses zur Berolina** (Hausvogteiplatz 12), ein Büro- und Geschäftshaus im Renaissance-Stil. Den Gebäudekomplex nutzte ursprünglich ein Textilhandel, der hintere Teil diente auch als Lagerraum. Die Fassaden der vier großzügig gestalteten Innenhöfe sind zum Teil mit glasierten Kacheln verkleidet. Anfangs zierte die Fassade über dem Portal eine Berolina-Büste, die Stadtpersonifikation Berlins. Inzwischen steht stellvertretend die abstrakte **Skulptur »Tanzende Berolina«** (2004) von Axel Anklam vor dem Gebäude. Die Plastik erinnert mit ihrem Edelstahlgeflecht an einen wehenden Seidenschal und ist inspiriert von der »Berolina«, die auf dem Alexanderplatz stand.

Ganz modern zeigt sich das **Living Bauhaus** (Hausvogteiplatz 14), im Jahr 2011 vom Büro Nägeliarchitekten entworfen. Zu dem Komplex zählen neben der Botschaft der Mongolei acht Wohnungen und zwei Gartenhäuser.

Schräg gegenüber befindet sich die Oberwallstraße 9. Dort, bei **MALOA Poké Bowl**, bekommt man ein hawaiianisches Nationalgericht. »Poké« bedeutet in etwa »diagonal in Stücke schneiden« und meint den in Würfel geschnittenen rohen Fisch, der zusammen mit Reis, Dressing und Gemüse serviert wird.

Wir folgen der Oberwallstraße und biegen links in die Jägerstraße ab. In der Nummer 51 dokumentiert in der **ehemaligen Remise des Stammhauses der Mendelssohn-Bank** eine Ausstellung die Familiengeschichte Moses Mendelssohns und des Bankhauses. Hier besaß die Familie sechs Häuser und expandierte zur größten Privatbank. Die Mendelssohn-Gesellschaft e.V. veranstaltet im Hinterhof kulturelle Veranstaltungen.

Schräg gegenüber in der Nummer 21–23 hat die **Berlin-Brandenburgische Akademie der Wissenschaften (BBAW)**, eine Institution zur Förderung der Wissenschaft, ihren Hauptsitz. Auf unterschiedliche Weise fördert sie den Dialog zwischen Wissenschaft und Gesellschaft, u.a. durch ein breites Veranstaltungsprogramm.

Im Süden zweigt vom Hausvogteiplatz die Mohrenstraße ab. In der Nummer 35 ist das Bundesministerium der Justiz und für Verbraucherschutz untergebracht, in dessen

Brunnen, Haus zur Berolina, Living Bauhaus

U-Bhf Hausvogteiplatz

Skulptur »Tanzende Berolina«, Installation, Julia Stoschek Foundation

Front rechts **Installation »Verkündung der Reisefreiheit«** des Kasseler Künstlers Ulrich Schröder an die legendäre Pressekonferenz im DDR-Presseamt erinnert. Sie trug zum Mauerfall bei, als dort am 9. November 1989 im ersten Stock Günter Schabowski die Reisefreiheit für DDR-Bürger verkündete. Der Konferenzsaal selbst ist nicht mehr erhalten.

Zurück am Hausvogteiplatz, biegen wir in die Jerusalemer Straße ein und folgen ihr bis zur Ecke Leipziger Straße. Dort, in der Nummer 60, betreibt die **Julia Stoschek Foundation** im ersten Stock die Ausstellungsräume einer der weltweit größten Sammlungen zeitgenössischer, internationaler Medienkunst. Zu DDR-Zeiten befand sich hier das tschechische Kulturzentrum. In dem Beton-Glas-Quader zeigt die Erbin des Fahrzeugteileherstellers Brose seit 2016 Kunstwerke einer Sammlung, die ihren Stammsitz in Düsseldorf hat. Sie umfasst vor allem Videoarbeiten, Installationen und Fotografien.

U-Bahnhof Hausvogteiplatz

Eröffnung: 1908, Ortsteil: Mitte

KUNST UND KULTUR Denkzeichen »Modezentrum«, Haus zur Berolina, Skulptur »Tanzende Berolina«, Living Bauhaus, Remise des Stammhauses der Mendelssohn-Bank, Berlin-Brandenburgische Akademie der Wissenschaften, Installation »Verkündung der Reisefreiheit«, Julia Stoschek Foundation

GASTRONOMIE MALOA Poké Bowl

Mittendrin: Löwenzahn ernten im Gemeinschaftsgarten?

Spittelmarkt

Rund um den Spittelmarkt befinden wir uns direkt im historischen Zentrum des alten Berlins, genauer gesagt in Cölln. Ausgrabungen am nahe gelegenen Petriplatz brachten zahlreiche Gräber zutage. Die Auswertung der Funde legt nahe, dass Berlins Ursprünge deutlich früher liegen als bislang angenommen. Kaum vorstellbar, dass im 12. Jahrhundert an dieser Stelle der Grundstein für die heutige Metropole gelegt wurde.

Folgt man der Seydelstraße ab dem Bahnhof und biegt links in die Neue Grünstraße, erreicht man rechter Hand am Grundstück Nummer 13/14 einen offenen **Gemeinschaftsgarten**. Seit 2016 können die Berliner hier Stadtgrün gemeinsam gestalten und genießen. Das Gelände gehört dem Energieunternehmen Vattenfall, das freie Flächen für Urban-Gardening-Projekte zur Verfügung stellt. Der Besuch des Gartens und das Gärtnern sind kostenfrei. Insgesamt umfasst er fünf Bereiche: einen internationalen Garten, einen Garten für Kinder, »Stadt und Land« mit bienenfreundlichen Blumen, einen Küchengarten mit Kräutern und einen mobilen Garten mit einem begrünten Fahrrad. Willkommen sind aber auch all jene, die einen Kaffee oder ein Buch im Grünen genießen oder mit anderen Menschen plaudern möchten. Sonnenschirme und Liegestühle laden dabei zum Verweilen ein.

Gleich nebenan in der Neuen Grünstraße 12 befindet sich die **Konrad Fischer Galerie** in einem zurückgesetzten, umgebauten Umspannwerk. Es wurde 1928 errichtet und war 70 Jahre in Betrieb. Die Galerie präsentiert hier seit 2019 zeitgenössische Kunst. Ihr Spezialgebiet sind die künstlerischen Positionen der 1960er und 1970er Jahre wie Konzeptkunst, Minimal Art, Land Art und Arte Povera.

Der Weg führt die Neue Grünstraße zurück zur Nummer 17/18. Der ausgedehnte Komplex bis hinüber zur Alten Jakobstraße 85/86 umfasst vier Höfe, die 1910 durch die Deutsche Eisenhandel AG umgebaut wurden. Hier findet sich das spanische **Restaurant Tapas y más** mit einer Terrasse. Die Küche interpretiert traditionelle Gerichte neu.

Geht man die Elisabeth-Mara-Straße entlang bis zu ihrem Ende, trifft man auf das **Haus des Papiers** in der Seydelstraße 30. Das 2021 eröffnete, weltweit einzige Museum seiner Art widmet sich dem Werkstoff Papier als künstlerischem Mittel und zeigt in Wechselausstellungen Papierkunstwerke. Es werden Führungen sowie Workshops, Künstlergespräche und Networking Events geboten.

Wir folgen der Seydelstraße weiter in nördliche Richtung, überqueren die Verkehrsachse und laufen in die Niederwallstraße. Etwas versteckt treffen wir auf den Südpark mit dem **Spindlerbrunnen** an der Kleinen Kurstraße. Gehen

Konrad Fischer Galerie, Restaurant Tapas y más

Spittelmarkt mit Neubauten zwischen DDR-Architektur

wir zurück, können wir auch die Gertraudenbrücke mit der **Skulptur der Heiligen Gertrud** nehmen.

Auf der linken Seite treffen wir auf das Archäologische Haus am Petriplatz (Kleine Gertraudenstraße 8), kurz **PETRI Berlin** genannt. Dort können voraussichtlich ab Ende 2024 Besucher die Fundamente der Cöllnischen Lateinschule von 1350 im untersten Geschoss erleben, die bei Ausgrabungen zwischen 2007 und 2009 freigelegt wurden. Das siebengeschossige Gebäude verbindet Werkstätten, das Magazin, Besucher- und Projektbereiche zur Berliner Archäologie. Die Besucher werden eng an die Zeugnisse herangeführt und angeregt, mitzudenken und mitzumachen, um Funde freizulegen, zu erkennen und zu bestimmen.

Groß war bereits das Interesse der Berliner an Ausgrabungsorten wie dem Petriplatz, dem Roten Rathaus, dem Schloßplatz und dem Molkenmarkt. Vor dem Archäologi-

Haus des Papiers, Gertraudenbrücke, Skulptur der Heiligen Gertrud

schen Haus liegt das **Café am Petriplatz** (Kleine Getraudenstraße 3).

Direkt hinter PETRI Berlin entsteht über den Fundamenten der rund 800 Jahre alten Petrikirche ein neuer Sakralbau: das **House of One** in der Scharrenstraße 10. Ein großer zentraler Kuppelsaal verbindet die Beträume dreier Religionen: eine Moschee, eine Synagoge und eine Kirche – ein weltweit einmaliges Vorhaben. Es entsteht ein Haus des Gebets und des Dialogs zwischen den Religionsgemeinschaften, in dem ein friedvolles Miteinander gelebt und Toleranz und gegenseitiges Verständnis gefördert werden. Das Projekt wird aus öffentlichen Geldern und Spenden finanziert. Im Untergeschoss birgt eine acht Meter hohe Halle die archäologischen Funde der ehemaligen Petrikirche. Eine Info-Box auf der Baustelle ist an drei Tagen in der Woche für Besucher geöffnet.

Auf der anderen Seite der Gertraudenstraße befindet sich die **Schwimmhalle Fischerinsel** (Fischerinsel 11). Im Mittelpunkt steht der Schwimmsport, Spaßbadelemente gibt es keine. Wer sich auf seine Bahnen konzentrieren will, ist hier genau richtig. Die Halle aus dem Jahr 1979 wirkt hell und einladend, durch die große Glaswand dringt viel Tageslicht, und das schöne, aufwendig gestaltete Mosaik mit Wellenmotiv versetzt einen optisch ins blaue Element. Als entspannende Extras werden Trockensauna, Saunarium und Massage angeboten.

U-Bahnhof Spittelmarkt

Eröffnung: 1908, Ortsteil: Mitte

KUNST UND KULTUR Konrad Fischer Galerie, Haus des Papiers, Skulptur der Heiligen Gertrud, PETRI Berlin, House of One, Spindlerbrunnen

GASTRONOMIE Tapas y más, Café am Petriplatz

NATUR Gemeinschaftsgarten, Südpark

Restaurant Shezan am Spreekanal

Märkisches Museum

Diese U-Bahnstation liegt historisch betrachtet in Neukölln am Wasser. Am Märkischen Ufer der früheren Vorstadt herrschte einst ein geschäftiger Hafenbetrieb. Einige Bauten an der Uferpromenade sind noch erhalten, andere zeigen transloziert ein geschöntes Stück »Altes Berlin«. Sie sollen wohl die erst nach dem Krieg zerstörte Bebauung des Fischerkiezes wettmachen. Auf der Fischerinsel stehen heute Wohnhochhäuser aus der DDR-Zeit.

Wir verlassen den U-Bahnhof in Richtung Neue Roßstraße, die rechts als Roßstraßenbrücke zur Fischerinsel führt. Von der Brücke aus zeigt sich links ein schönes Bild: Bis an den Spreekanal reichen rückwärtig die Mietshäuser, die zwischen 1838 und 1872 an der Wallstraße errichtet wurden, teilweise mit Hofgebäuden. Man kann sich gut vorstellen, wie Kaufleute und Handwerker vor dem Mühlendamm, am Krögel und hinter der Stralauer Straße ihre Gewerbebauten und Schuppen direkt am Wasser besaßen. Auf einem hier liegenden Schiffsdeck findet sich der Außenbereich des indischen **Restaurants Shezan** (Neue Roßstraße 13). Passend der Name, denn der Mädchennamen bedeutet in der Urdu-Sprache »schön«.

Folgt man dem Märkischen Ufer auf der rechten Seite des Spreekanals erreicht man die Spitze der Fischerinsel. Dort fließen Spreekanal und Spree zusammen. In dieser Erweiterung bilden über 30 ältere Binnenschiffe den **Historischen Hafen Berlin**. Sie liegen im ältesten Stadtgebiet Berlins vor Anker oder sind an alten Kaimauern festgemacht: Maß- und Lastkähne, Fahrgastschiffe, Dampf- und Motor-

Märkisches Museum am Köllnischen Park

schlepper werden hier vor der Verschrottung gerettet. Die wertvollsten Stücke sind die Schlepperdampfer »Andreas« und »Seima«. Zwei Restaurationsschiffe warten auf einen Besuch: die **Hafenbar Fischerinsel** auf den Schiffen »Adonis« und »Renate-Angelika«. Und das **Spreedeck** bietet auf dem Schlepper »Jeseniky« (1956) vegetarische Gerichte. Auf dem Künstlerkahn »Helene« ist die Kunstschule **Drink and Draw – Kunst und Kultur auf der Spree** zu Hause. Der Schleppkahn »Horst« (1906) am anderen Ufer will einen Beitrag gegen das Pflanzensterben leisten. Er ist bestückt mit gefährdeten Arten aus Auen, Weichholzauen und Erlenbruchwäldern, die ursprünglich entlang der brandenburgischen Gewässer wuchsen. Auf der »MS Heimatland« am selben Ufer befindet sich seit 2016 **Hošek Contemporary** (Galerie und Performance-Raum). **Schautafeln** zu beiden Seiten des Märkischen Ufers erzählen von der bewegten Vergangenheit des Ortes.

Parallel zur Uferstraße Märkisches Museum verläuft die Wallstraße, der wir bis zur Ecke Am Köllnischen Park folgen. Dort steht im für die Region so typischen roten Backstein erbaut das **Märkische Museum**. Seine Gebäudeteile wurden zwischen 1901 und 1907 errichtet und repräsentieren verschiedene Bauwerke der Mark Brandenburg und Norddeutschlands aus den Stilepochen Romanik, Gotik und Renaissance. Wegen einer umfangreichen, mehrjährigen Erneuerung ist das Museum bis voraussichtlich 2026 geschlossen. Es widmet sich der Geschichte und Kulturgeschichte Berlins vom Mittelalter bis zur Gegenwart. Vor dem Museum gilt es auf dem **Märkischen Platz** die **Skulptur »Bertolt Brecht«** (1991) von Igael Tumarkin (1933–2021) zu entdecken. Er arbeitete für zwei Jahre als Bühnenbildner mit dem Dramatiker am Berliner Ensemble. Folgt man

Historischer Hafen Berlin

Ausstellung Berliner Stadtmodelle

der Straße Am Köllnischen Park bis zur Nummer 3, kommt man zur Dauerausstellung **»Berliner Stadtmodelle«** in der Senatsverwaltung für Mobilität, Verkehr, Klimaschutz und Umwelt. Dort werden vier Innenstadtmodelle gezeigt, die, abhängig von Maßstab und Darstellung, Berlin auf unterschiedliche Weise präsentieren. Aus Sicherheitsgründen ist die Ausstellung momentan gesperrt.

Hinter dem Märkischen Museum erstreckt sich entlang der Runge- bis zur Wallstraße der **Köllnische Park**. Die Grünanlage wurde im 18. und 19. Jahrhundert auf der Fläche früherer Festungsbauten angelegt. Hier stand die Bastion VII, damals wegen der notwendigen großen Erdaufschüttungen »das Bollwerk im Morast« genannt. Nach langer Bauzeit war die Festung nach ihrer Fertigstellung bereits veraltet und wurde abgetragen. Im Jahr 1883, nachdem der

Eiskeller und Brunnen im Lapidarium

Skulptur Heinrich Zille

alte Festungsgraben zugeschüttet worden war, erhielt der Park seine heutige Ausdehnung. Zwischen 1969 und 1971 wurde direkt neben dem Museum eine Terrasse angelegt und das **Lapidarium** eingerichtet, ein Freilichtmuseum mit steinernen Skulpturen und Fragmenten, die ursprünglich als Schmuck an heute nicht mehr existierenden Bauwerken angebracht waren. Der **Neorenaissance-Brunnen** aus dem Jahr 1860 stammt aus einem privaten Garten, daneben ein **Eiskeller**, um Natureis zu lagern. Auch im Köllnischen Park sind einige Ausstellungsstücke frei aufgestellt. Dort findet sich auch eine überlebensgroße **Bronzeskulptur**, die den Maler, Grafiker und Fotografen **Heinrich Zille** (1858–1929) darstellt. Sie stammt aus dem Jahr 1958, geschaffen von dem Berliner Bildhauer Heinrich Drake. In der Parkanlage findet sich auch ein Rest der ehemaligen Festungsanlage, der **Wusterhausener Bär**. Der aus Ziegeln gemauerte Turm mit einer verzierten Kuppel aus Sandstein gehörte zu einem Stauwehr. Mit ihm wurde der Wasserstand im Festungsgraben geregelt. Er stand früher auf einem nicht weit entfernten Hof. Der Ausdruck »Bär« leitet sich vom lateinischen »berum« (= das Wehr) ab. Die ehemalige Volksbadeanstalt, ein Gebäude im Schweizer Landhausstil, wird von städtischen Dienststellen genutzt.

Der **Bärenzwinger** im Köllnischen Park war von 1939 bis 2015 das Zuhause für mehrere Generationen der Berliner Wappentiere. Er enthielt drei Käfige und zwei Auslaufflächen mit Wassergräben. Dutzende Tiere lebten in dem Gehege, jeweils ein Braunbär wurde offiziell zum Stadtbären ernannt. 2015 starb die letzte Berliner Stadtbärin namens Schnute. Im Jahr 2019 wurde die denkmalgeschützte Anlage zu einer öffentlichen **Galerie** umfunktioniert.

Der Weg zurück zur U-Bahnstation führt uns links noch in die Inselstraße. In der Nummer 13 bietet sich zum einen moderne Kunst in der **Galerie Obey Art Space**, wir können aber auch süße französische Crêpes im **Galetterie Café** essen.

U-Bahnhof Märkisches Museum

Eröffnung: 1913, Ortsteil: Mitte

KUNST UND KULTUR Historischer Hafen, Hošek Contemporary, Drink and Draw – Kunst und Kultur auf der Spree, Märkisches Museum, Berliner Stadtmodelle, Lapidarium, Brunnen, Eiskeller, Heinrich-Zille-Denkmal, Wusterhausener Bär, Galerie im Bärenzwinger, Bertolt-Brecht-Denkmal, Galerie Obey Art Space

GASTRONOMIE Shezan, Galetterie Café, Hafenbar Fischerinsel, Spreedeck

NATUR Schleppkahn »Horst«, Köllnischer Park, Märkischer Platz

Die Ruine der Franziskaner-Klosterkirche

Klosterstraße

Diese U-Bahnstation führt Sie in eine der ältesten Straßen Berlins. An der Klosterstraße liegen die Erweiterungsbauten des Roten Rathauses: das Alte Stadthaus, zu DDR-Zeiten vom Ministerrat genutzt, heute vom Innensenat. Daneben liegt das Neue Stadthaus. Auf der anderen Gebäudeseite wird der Molkenmarkt rekonstruiert, zu den laufenden Ausgrabungen veranstaltet das Landesdenkmalamt Berlin regelmäßig Führungen.

Wir verlassen den U-Bahnhof, folgen der Klosterstraße Richtung Süden, biegen rechts in die Stralauer Straße ein und dann links in die Neue Jüdenstraße. An deren Ende treffen wir die Rückseite der **Alten Münze** (Molkenmarkt 2), einer ehemaligen Münzprägeanstalt. Derzeit nutzen mehrere Mieter die Räume für Kultur und Veranstaltungen zur Zwischenmiete. Neben 15 Ateliers, vier Tonstudios und zwei großen Ausstellungsräumen für Zeitgeschichte und zeitgenössische Kunst finden sich hier Veranstaltungsflächen und viele unterschiedliche Projekte. 2006 gab die Staatliche Münze ihren Standort auf. Der Gebäudekomplex soll zu einem Kunst- und Kulturort entwickelt werden. Die Mieter für die Fabrik aus den 1930er Jahren stehen aber noch nicht fest.

Das **Café The Greens – Coffee and Plants** (Am Krögel 2) befindet sich in Haus 3, der Passarelle der Alten Münze. Sie beherbergt zusätzlich eine Galerie und ein Loft in der früheren Werkzeuganfertigung. Die kleinen, hohen Räume des Cafés mit großen Fenstern sind bis unter die Decke voller Pflanzen, Vintage-Deko und alten Berliner Wandvertäfelungen. Der Natur einfach näherkommen inmitten von Zim-

Café The Greens in der Alten Münze, U-Bahnhof mit babylonischen Palmen

mer- und Gartenpflanzen, Urban Gardening, regionalen und saisonalen Lebensmitteln – das ist hier in einer gemütlichen Atmosphäre möglich. Im **Restaurant Moneta** nebenan gibt es hausgemachte Pizza, italienische Vorspeisen und eine feine Auswahl an leckeren Drinks.

Zum Gebäudekomplex der Alten Münze gehört auch das **Direktorenhaus** (Am Krögel 2), das seit 2011 eine Kunstgalerie und ein Institut für Forschung und Produktion in den Bereichen Bildende Kunst, Design und Kunsttheorie umfasst. Auf seinen Etagen befinden sich Ausstellungsräume, Ateliers, Werkstätten und Tonstudios. Besuche finden in

Mühlendammschleuse, Restaurant Zur letzten Instanz in der Waisenstraße

kleinen Gruppen mit einem Kunstvermittler statt, für Einzelpersonen sind auch Privattouren buchbar.

Verlässt man das Gelände der Alten Münze, befindet sich am südlichen Ende der Straße Am Krögel die **Mühlendammschleuse**. 1894 mit nur einer Kammer gebaut, überwindet sie eine Fallhöhe von ca. 1,50 Metern. Der Verkehr wuchs an, von 1936 bis 1942 entstand eine Doppelkammerschleuse etwa 100 Meter flussaufwärts. Diese Schleuse war für 1000-Tonnen-Schiffe (heutige Binnenschiffsklasse III) ausgelegt.

Zurück in der Klosterstraße, folgen wir ihr Richtung Spree. Bei der Nummer 50 erreichen wir die **Niederlän-**

Niederländische Botschaft, Altes Stadthaus

dische Botschaft, deren Gebäude 2004 von Rem Koolhaas und Ellen van Loon vom Architekturbüro Office for Metropolitan Architecture (OMA) in Rotterdam entworfen wurde. Ein Eckgrundstück am historischen Hafen mit Blick in die Friedrichsgracht, einst von Niederländern angelegt, diente als Baugrund. Den Bau durchzieht ein 200 Meter langes »Trajekt«, das die Gemeinschaftsräume mit seinen elf Ebenen verbindet.

Wir gehen die Klosterstraße zurück Richtung U-Bahnhof, an der Parochialkirche vorbei und erreichen bei der Nummer 73a die **Franziskaner-Klosterkirche**, von der nur noch die Ruine erhalten ist. Sie geht bis ins Jahr 1249 zurück und gehörte früher zum Grauen Kloster des Franziskanerordens. Seit den 1980er Jahren wird der gotische Backsteinbau als Ausstellungs- und Veranstaltungsort genutzt. Die Klosterbauten befanden sich neben dem nördlichen Seitenschiff. Im Jahr 1574, nach der Einführung des Protestantismus und der Säkularisierung des Kirchenbesitzes, etablierte sich auf dem Gelände das Berlinische Gymnasium zum Grauen Kloster.

Östlich verläuft parallel die Waisenstraße, und dort in der Nummer 14–16 befindet sich das **Restaurant Zur letzten Instanz**. Im Jahr 1621 erstmals als Branntweinstube erwähnt, bildete dessen Rückwand zugleich die mittelalterliche Stadtmauer. Im Zweiten Weltkrieg schwer beschädigt, wurde das Restaurant 1963 rekonstruiert und um zwei angrenzende Häuser erweitert wiedereröffnet. Die Gäste erwartet hier die zeitgenössische Interpretation einer regionalen Wirtshausküche. Der Biergarten unter alten Bäumen bietet einen freien Blick auf die Stadtmauer.

Der **TD Berlin** (früher **Theaterdiscounter**) ist ein Freies Theater, das seit 2009 im früheren Fernmeldeamt (Ost) in der Klosterstraße 44 besteht. Auf dem Spielplan stehen neue Inszenierungen und Performances mit Bezug zu aktuellen gesellschaftlichen Themen.

Neben dem Theater im Hansaviertel besitzt das **Grips-Theater** seit 2009 eine zweite Spielstätte: die **Studiobühne im Podewil** in der Klosterstraße 68. Es gilt als das bekannteste zeitgenössische und politische Kinder- und Jugendtheater in Deutschland.

U-Bahnhof Klosterstraße

Eröffnung: 1913, Ortsteil: Mitte

KUNST UND KULTUR Alte Münze, Direktorenhaus, Mühlendammschleuse, Niederländische Botschaft, Parochialkirche, Ruine der Franziskaner-Klosterkirche, TD Berlin, Studiobühne im Podewil mit dem Grips-Theater

GASTRONOMIE The Greens – Coffee and Plants, Moneta, Zur letzten Instanz

NATUR Historischer Friedhof hinter der Parochialkirche, Grünanlage um die Ruine der Franziskaner-Klosterkirche

Menschen verabreden sich an der Weltzeituhr.

Alexanderplatz

Der Alexanderplatz ist nicht nur wegen seines großen Umsteigebahnhofs sehr belebt, sondern auch durch die vielen Touristen, die sich hier tummeln. Vielfach umgebaut, ist der Platz auch heute noch im Werden. Die zweitälteste Kirche Berlins und das Rote Rathaus auf seiner Rückseite paaren sich mit repräsentativer DDR-Architektur und modernsten Büro- und Wohngebäuden, über allem thront der weithin sichtbare Fernsehturm. Geschäfte, Restaurants, Imbisse, Kunstwerke – von allem gibt es am Alexanderplatz reichlich.

Die **Weltzeituhr** ist ein beliebter Treffpunkt für Berliner und Touristen. Auf ihrer Rotunde enthält sie die Namen von 146 Orten und die Datumsgrenze. 1969 errichtet, stellt sie vereinfacht das Sonnensystem dar. Die Idee zu der Uhr kam Erich John, als Arbeiter beim Umgraben des Platzes auf eine Wettersäule mit Uhr stießen. Dabei wurde der Designer inspiriert von einer alten Linde in seinem Heimatort, an der sich die Dorfbewohner trafen. Bei der Sanierung der Weltzeituhr 1997 wurden Städtenamen aktualisiert oder geändert und 20 neue Städte hinzugefügt. Der Zylinder zeigt 24 Ecken und Seiten, sie entsprechen jeweils einer der 24 Hauptzeitzonen der Erde. Der obere Blechring zeigt die Nordhalbkugel, der untere die Südhalbkugel. In dem Zylinder dreht sich ein Stundenring. Auf ihm wandern die farbig gekennzeichneten Stunden durch die Zeitzonen. Die Weltzeituhr treibt ein umgebautes Trabantgetriebe an. Wie ein Baum spendet die Uhr auch Schatten und schützt vor Regen.

Den **Brunnen der Völkerfreundschaft** (1969/70) mit 23 Metern Durchmesser wurde von Walter Womacka im Stil

ALEXANDERPLATZ
BURGER

der sozialistischen Moderne entworfen. Das Brunnenwasser fließt aus 17 blattförmigen Schalen, die spiralförmig absteigend auf Säulen ruhen, ins obere Becken und von dort aus über acht blütenförmige Auslässe nach unten.

Womacka hat auch den **Fries »Unser Leben«** entworfen, der als Banderole um das **Haus des Lehrers**, an der südöstlichen Platzseite gelegen, verläuft. Es zeigt Darstellungen aus dem Gesellschaftsleben in der DDR. Der Fries ist sieben Meter hoch, 127 Meter lang und enthält 800.000 Mosaiksteine. Das Gebäude, in dem sich Pädagogen begegneten, wurde 1961 bis 1964 von Hermann Henselmann entworfen.

Zeitgleich entstand nebenan die zugehörige Kongresshalle mit ihrer runden Kuppel, heute heißt sie **Berlin Congress Center (bcc)**. Hier finden internationale Veranstaltungen, Filmpremieren und Preisverleihungen statt.

Nordwestlich des Alexanderplatzes steht das Haus des **Berliner Verlages** an der Karl-Liebknecht-Straße 29, in den Jahren 1970 bis 1973 nach Entwürfen von Karl-Ernst Swora gebaut. Zu dem Bau gehört auch das Pressecafé mit dem **Fries »Die Presse als Organisator«** von Willi Neubert.

Die **Aussichtsterrasse des Park Inn Hotels** mit Open-Air-Lounge in 125 Metern Höhe ist mit Blick nach Süden zum Fernsehturm eine wartezeitfreie und günstige Alternative. Nur hier lassen sich einmalige Bilder mit dem gegenüberliegenden berühmten Berliner Wahrzeichen im Hintergrund machen – fast schon auf Augenhöhe.

Der **Weekend Club** an der Alexanderstraße 7 befindet sich seit 2004 im 18. Stock des früheren Hauses des Reisens auf 67 Meter Höhe. Auch er bietet eine Dachterrasse mit einer famosen Sicht. An dem Gebäude ist ein weiteres **Fries**

Bahnhofshalle, Brunnen der Völkerfreundschaft, Haus des Lehrers und bcc

von Womacka zu sehen: **»Der Mensch überwindet Zeit und Raum«**.

Das Quartier **Haus der Statistik** in der Otto-Braun-Straße 70–72 wurde 2015 vor dem Verkauf an Investoren und einem Abriss gerettet. Künstler, Architekten, Kulturschaffende und Politiker kooperieren in einem gemeinwohlorientieren Modellprojekt. Auch während der Bauarbeiten, die voraussichtlich bis 2028 andauern werden, gibt es Räume für Kunst, Kultur und Soziales in drei temporären Bauten. Zu den geplanten Nutzungen kommen Büros für die Finanzabteilung des Senats, das Rathaus Mitte und bezahlbare Wohnungen hinzu.

Der Alexanderplatz eignet sich hervorragend zum Shoppen in der **Galeria Kaufhof**, dem Konkurrenten zum KaDeWe, und dem **Einkaufszentrum Alexa** am südöstlichen Platzrand. Auf der anderen Bahnhofsseite lassen sich in der Rathausstraße 1 die neuesten Blockbuster im Kino **CineStar CUBIX am Alexanderplatz** sehen.

Vom **Fernsehturm** mit einer Gesamthöhe von 368 Metern aus genießt der Besucher einen spektakulären Panoramablick, entweder von der Aussichtsetage in 203 Metern Höhe oder aus dem **Drehrestaurant Sphere**. Das **Körperwelten-Museum** an seinem Fuß bietet 20 plastinierte, überwiegend menschliche Körper und bis zu 200 Exponate. Die **Little BIG City Berlin** gleich nebenan zeigt 100 Gebäude der Stadt und Berlins Geschichte en miniature. Die **Besenkammer-Bar** in der Rathausstraße 1 ist eine kleine Gay-Bar unter den Bahngleisen, die rund um die Uhr geöffnet hat. Sie existierte bereits zu DDR-Zeiten als HO-Mokkabar.

Auf der südwestlichen Seite der Bahnhofshalle steht am **Park am Fernsehturm** das **Rote Rathaus** oder Berliner Rathaus, Sitz des Regierenden Bürgermeisters von Berlin. Es

Verlagssitz, Terrasse, Mall Alexa, Haus der Statistik, »Körperwelten«

PRESSECAFE

ALEXA
Media Markt
Media Markt

OTT

Menschen Museum

Bar Besenkammer, Rotes Rathaus mit Neptunbrunnen, Marienkirche

heißt so aufgrund seiner roten Ziegelfassade und entstand 1861 bis 1871 nach einem Entwurf von Hermann Friedrich Waesemann. Besucher können es besichtigen. Der **Terrakottafries**, auch »Steinerne Chronik« genannt, besteht aus 36 Relieftafeln und zeigt die Geschichte Berlins und Brandenburgs vom 12. Jahrhundert bis ins Jahr der Reichsgründung 1871. Der 94 Meter hohe Turm ist ungenutzt, hier konnten sich Wanderfalken einnisten.

Der **Neptunbrunnen** im Stil des Neobarock stand ursprünglich auf dem Schloßplatz vor dem Hohenzollernschloss. Nach dem Abriss des Schlosses wurde der Brunnen 1951 entfernt und 1969 im Park am Fernsehturm wieder aufgestellt. Deshalb konnte er auch nicht weiter den Namen Schloßbrunnen tragen. Man sieht den Meeresgott in der Mitte, die vier allegorischen Damen am Brunnenrand stehen für die vier größten deutschen Ströme Preußens. Es gibt Überlegungen, den Neptunbrunnen wieder an seinen Ursprungsort zurückzuversetzen.

Die evangelische **Marienkirche** auf der anderen Brunnenseite ist nach der Nikolaikirche die zweitälteste der Stadt. Sie wurde 1292 erstmals urkundlich erwähnt und stand mitten im heute nicht mehr existierenden Marienviertel. Ihre Grundmauern bestehen aus Feldsteinen, darüber entstand im Stil der märkischen Backsteingotik eine Hallenkirche aus roten Ziegeln. Die Kirche steht noch wie einst auf dem Bodenniveau des Mittelalters, das Gelände ringsum wurde zu DDR-Zeiten aufgeschüttet. Das **Totentanzfresko** in der Turmhalle zeigt einen Reigen aus geistlichen und weltlichen Ständevertretern, die sich in einem Schreittanz mit je einer Todesgestalt befinden. Das Wandbild ist 22,60 Meter lang und zwei Meter hoch.

U-Bahnhof Alexanderplatz

Eröffnung: 1913, Ortsteil: Mitte

KUNST UND KULTUR Weltzeituhr, Aussichtsterrasse des Park Inn Hotels, Weekend Club, Haus der Statistik, Berliner Verlag, Haus des Lehrers, mehrere Friese, Brunnen der Völkerfreundschaft, Fernsehturm, Körperwelten-Museum, Kino CineStar CUBIX am Alexanderplatz, Rotes Rathaus mit Fries, Neptunbrunnen, Marienkirche mit Totentanzfresko

GASTRONOMIE Drehrestaurant Sphere im Fernsehturm, Besenkammer-Bar

SHOPPING Galeria Kaufhof, Einkaufszentrum Alexa

KINDER Little BIG City Berlin

NATUR Park am Fernsehturm

Der Traditionsbetrieb Jünemann's Pantoffeleck

Rosa-Luxemburg-Platz

Die Gegend um den Rosa-Luxemburg-Platz, in deren Zentrum die Volksbühne mit Rotem und Grünem Salon steht, ist mit Theater, Programmkino, Galerien und dem Redaktionssitz der »Jungen Welt« ein (kultur)politisches Zentrum Berlins. Ausgefallene Cafés und internationale Restaurants ergänzen das quirlige Leben rund um die Rosa-Luxemburg-Straße.

Auf der Grünfläche vor der **Volksbühne** in der Linienstraße 227 steht das **»Räuberrad«**, das Logo des Theaters. Die **Metallskulptur** des Schweizer Bildhauers Rainer Haußmann wurde für eine Inszenierung des Stücks *Die Räuber* von Frank Castorf entworfen und 1994 aufgestellt. Sie soll an den sogenannten Gaunerzinken (eine Einbrecher-Markierung) erinnern.

Das beeindruckende Gebäude am Rosa-Luxemburg-Platz wurde 1913/14 nach einem Entwurf von Oskar Kaufmann errichtet. Die Volksbühne ist als experimentierfreudiges Theater eine wichtige Institution in Berlin, die sich nicht nur auf Theater festlegt. Auch Konzerte, Lesungen oder Filmvorstellungen stehen auf dem Programm.

Das **Kino Babylon** in der Rosa-Luxemburg-Straße 30 nur wenige Meter weiter ist in ein fünfgeschossiges Wohn- und Geschäftshaus integriert, das Hans Poelzig in den Jahren 1928/29 innerhalb einer Blockbebauung entwarf. Es hatte ursprünglich 1200 Plätze in einem einzigen Saal, ist aber inzwischen in drei Säle mit 500, 68 und 43 Plätzen aufgeteilt. Das Kino verfügt über einen Orchestergraben, in dem das Babylon Orchester Berlin in Kammerorchesterbesetzung Stummfilme live begleitet. Aus der Stummfilmzeit stammt

Die experimentierfreudige Volksbühne

auch die restaurierte Kinoorgel, die als einzige in Deutschland noch am Original-Standort betrieben wird.

Verlässt man das Kino und folgt rechterhand der Weydingerstraße, trifft man in dem Gebäudekomplex auf drei Kunstgalerien.

Die **Galerie Nagel Draxler** (Nummer 2/4) zeigt Werke von Künstlern der jüngeren Generation sowie transkulturelle Positionen, die den westlichen Kunstkanon hinterfragen. Seit 2022 setzt sich bei Christian Nagel und Saskia Draxler eine Künstleravantgarde mit Blockchains, dem Metaversum und dem Web3 auseinander. Nebenan in der Nummer 6 führen Markus Summerer und Klaus Voss die **Mountains Gallery** für internationale zeitgenössische Kunst. Die **Galerie BQ Bötnagel und Quirmbach** von Jörn Bötnagel und Yvonne Quirmbach befindet sich in der Nummer 10, die **Kunstgalerie Dittrich & Schlechtriem** von Lars Dittrich und André Schlechtriem in der Linienstraße 23, an der Rückseite

Das Theater-Logo »Räuberrad«, Kino mit Orgel zeigt Stummfilme

der Volksbühne. Eine weitere Galerie liegt auf der anderen Platzseite: die **Galerie RL 16** in der Rosa-Luxemburg-Straße 16.

Geht man die Linienstraße zurück Richtung U-Bahnhof, trifft man an der Ecke zur Rosa-Luxemburg-Straße auf das Wohn- und Geschäftshaus **L40** – ein Kürzel aus Straßennamen und Hausnummer. Das 2010 fertiggestellte Gebäude auf dem dreieckigen Grundstück wird auch Black-Maze-Building (schwarzes Labyrinth) genannt. Der anthrazit-schwarze, siebenstöckige Betonbau ist ein spitz zulaufender, kubischer Monolith, umgesetzt als Wohnhaus für Sammler und Galeristen. Im Erdgeschoss befindet sich die **Craft-Beer-Bar – Kaschk by BRLO**, die Kaffee, Frühstück, eine feine Auswahl an Berliner Bieren und selbst nachts noch Essen anbietet. Wer möchte, kann im Keller Shuffleboard spielen. Einige Meter weiter treffen wir am Platz auf die **Volksbar** in der Rosa-Luxemburg-Straße 39.

Haus L40, Craft-Beer-Bar – Kaschk by BRLO, Soho House

Folgt man der Torstraße zunächst nach Westen, stößt man auf einige interessante Geschäfte und gastronomische Adressen: **Old CCP Bar** (Nummer 58), **Grober Unfug** (Comics, Nummer 75), **Golden Fleece** (Georgische Küche, Nummer 69), **Neo Tokyo** (Mangas, Ecke Schönhauser Allee), **Jünemann's Pantoffeleck** (Nummer 39; seit 1908 in vierter Generation) und **Tonia Merz & To.mTO BERLIN** (Korsetts, Nummer 22). Die Inhaberin Tonia Merz schrieb ihre Diplomarbeit über das Korsett und gründete 2002 ihre Manufaktur, inzwischen eine der renommiertesten Adressen in Europa. In erster Linie fertigt sie für Privatpersonen, bedient aber auch Theater- und Opernhäuser, die Musik- und die Showbranche. **MIBAP** (Nummer 22) bietet taiwanesische Küche. **Myconbini** (Nummer 18) führt auch ausgefallene japanische Lebensmittel sowie Geschirr, Schreibwaren oder Geschenkartikel. Ein Stück weiter befindet sich in der Torstraße 6 die **Maigalerie** der Tageszeitung *Junge Welt*.

Hausgemachte Pasta und Meeresfrüchte gibt es im **Cecconi's im Soho House** in der Torstraße 1. Das edle Restaurant bietet klassische italienische Gerichte aus einer offenen Küche mit Holzofen, Marmorboden, roten Ledersofas und einer Terrasse. Das Soho House (1928/29) ist ein Privatclub mit Hotelbetrieb.

U-Bahnhof Rosa-Luxemburg-Platz

Eröffnung: 1913, Ortsteil: Mitte

KUNST UND KULTUR Volksbühne, Kino Babylon, Galerie Nagel Draxler, Mountains Gallery, Galerie BQ Bötnagel und Quirmbach, Kunstgalerie Dittrich & Schlechtriem, Galerie RL 16, L40, Maigalerie

GASTRONOMIE Volksbar, Craft-Beer-Bar-Kaschk by BRLO, Cecconi's im Soho House, Old CCP Bar, MIBAP, Golden Fleece

SHOPPING Grober Unfug, Neo Tokyo, Jünemann's Pantoffeleck, Tonia Merz & To.mTO BERLIN, Myconbini

Biergarten im Kulturzentrum Pfefferberg

Senefelderplatz

Als Bindeglied zwischen den Ortsteilen Mitte und Prenzlauer Berg liegt der Senefelderplatz inmitten der lebendigen Schönhauser Allee und den abzweigenden inzwischen gediegenen Wohnquartieren. Alois Senefelder (1771–1834) war der Erfinder der Lithografie. Ein Denkmal auf dem Platz aus dem Jahr 1892, geschaffen von Rudolf Pohle, erinnert an ihn.

In der Schönhauser Allee 176 liegt das weitläufige ehemalige Brauereigelände **Pfefferberg**, benannt nach dem bayerischen Braumeister Joseph Pfeffer, der hier ab 1841 Bier braute. Die Produktion wurde 1921 eingestellt, danach zogen unterschiedliche Betriebe in die über 20 Gebäude; einen Biergarten gibt es aber nach wie vor. Heute ist der Pfefferberg Industriedenkmal und Kulturstandort mit zahlreichen kulturellen Angeboten. In der ehemaligen Schankhalle (Haus 15/16) am Biergarten mit Glaspalast eröffnete 2013 das **Pfefferberg Theater**, in dem es Tanz- und Literaturabende, innovative Zirkusdarbietungen sowie Kinder- und Familientheater zu sehen gibt. Das **Aedes Architekturforum** (Haus 8/8a) zeigt in zwei Räumen zukunftsweisende Architektur und Stadtplanung. Das **Museum für Architekturzeichnung** (Haus 1b; Christinenstraße 18a) bietet seit 2013 die Sammlung des Architekten Sergei Tchoban mit Blättern vom 16. Jahrhundert bis in die Gegenwart; den Museumsbau entwarf er zusammen mit Sergey Kuznetsov. Gleich daneben, in den Häusern 2 bis 4, arbeitet der Künstler Olafur Eliasson. Der chinesische Künstler und Dissident Ai Wei Wei hat hier ein Atelier. In Haus 5 entstand **MEINBLAU Projektraum und Atelierhaus**, gegründet 1997 von

Eingang zum Pfefferberg, Straßenszene, Jüdischer Friedhof, Toilettenhäuschen

fünf Künstlern. Essen kann man im **Restaurant das pfeffer** (Haus 13), im **KINK Bar Restaurant** (Haus 19/20) und natürlich in der **Schankhalle**.

Außerhalb des Pfefferbergs zeigt das farbenfrohe **Atelier Blumenfisch** (Schönhauser Allee 175) Handwerks- und Kunstarbeiten von Menschen mit Einschränkungen. Über den Senefelderplatz führt der Weg in die Kollwitzstraße. Auf der linken Seite bietet der **Abenteuerliche Bauspielplatz Kolle 37** in der Nummer 35 ein offenes Freizeitangebot für Kinder mit Hüttenbau, dem Versorgen von Kleintieren, Keramikwerkstatt u.v.m. Seit 2017 zeigt die **Living Gallery Berlin** in der Kollwitzstraße 53 internationale zeitgenössische Kunst. Das kleine **Theater o. N.** gründete sich 1979/80 unter dem Namen »Zinnober« und war das erste freie Theater der DDR. Seit 1995 ist es ebenfalls in der Nummer 53 vertreten und bekannt für sein Kindertheater-Programm. Gegenüber in der Nummer 54 liegt das Geschäft **Souq Dükkan** (»Basar Laden«), das hier seit 2021 nachhaltig und in kleiner Stückzahl produzierte Kleidung, Designobjekte und Wohnaccessoires anbietet. Unter der selben Adresse findet sich die **Galerie Forum Berlin am Meer**.

Folgen wir vom U-Bahnhof aus der Schönhauser Allee Richtung Norden, treffen wir auf **Ziervogel's Kult-Curry** (Nummer 20). In der Nummer 25 liegt hinter einer hohen Mauer der **Jüdische Friedhof**, der hauptsächlich zwischen 1827 und 1880 genutzt wurde. Der Maler Max Liebermann, der Komponist und Dirigent Giacomo Meyerbeer und der Verleger Leopold Ullstein liegen hier begraben.

U-Bahnhof Senefelderplatz

Eröffnung: 1913, Ortsteil: Prenzlauer Berg

KUNST UND KULTUR Pfefferberg mit Theater, Aedes Architekturforum, Museum für Architekturzeichnung, MEINBLAU Projektraum und Atelierhaus, Living Gallery Berlin, Theater o. N., Jüdischer Friedhof, Galerie Forum Berlin am Meer

GASTRONOMIE das pfeffer, KINK Bar Restaurant, Schankhalle mit Biergarten, Ziervogel's Kult-Curry

SHOPPING Atelier Blumenfisch, Souq Dükkan

KINDER Abenteuerlicher Bauspielplatz Kolle 37

Der markante Turm der KulturBrauerei

Eberswalder Straße

Der Bahnhof Eberswalder Straße liegt im Herzen wichtiger Lebens- und Verkehrsadern von Prenzlauer Berg: Danziger Straße, Schönhauser Allee, Kastanienallee, Eberswalder Straße und Pappelallee. Mit dem Currywurst-Urgestein Konnopke unter den U-Bahngleisen und der an eine Säule des Viadukts gesprayten Marlene Dietrich mischt sich hier Berliner Tradition mit hippstem Lifestyle-Treiben. Viele gehen von hier aus auch in den Friedrich-Ludwig-Jahn-Sportpark (Cantianstraße 24).

Folgt man der Schönhauser Allee Richtung Alexanderplatz, den Fernsehturm fest im Blick, kommt man linker Hand nach wenigen Minuten zur **KulturBrauerei** (Schönhauser Allee 36, weitere Eingänge: Knaackstraße 97 und Sredzkistraße 1). Die ehemalige Brauerei mit sechs Höfen und 20 Gebäuden wird heute als Kulturzentrum betrieben. Zu den stadtweit bekannten Veranstaltungsräumen zählen das Palais, das Kesselhaus, das Maschinenhaus, die Alte Kantine und der Soda Club.

Die Geschichte der ehemaligen Schultheiss-Brauerei begann mit einem kleinen Braubetrieb mit Ausschank, den 1863 Jobst Schultheiss übernahm. Ab 1887 entstand nach Plänen des Architekten Franz Heinrich Schwechten dieses noch heute beeindruckende Ensemble nach dem Vorbild einer mittelalterlichen Burganlage. 1967 endete der Brauereibetrieb.

Zu den Einrichtungen heute zählen das **Kino in der KulturBrauerei**, das **Theater RambaZamba**, das **Panda** (Russisches Theater, Konzerte, Lesungen), das **Haus für Poesie** sowie das **Museum in der KulturBrauerei**. Dort zeigt die

Stiftung Haus der Geschichte der Bundesrepublik Deutschland bei freiem Eintritt die Dauerausstellung »Alltag in der DDR«. Das **RambaZamba Theater** ist weltweit eines der renommiertesten Spielstätten für inklusives Theater. Das **Haus für Poesie** lädt Autoren aus der ganzen Welt nach Berlin ein, um zeitgenössische Lyrik zu präsentieren. Der **Frannz Klub** steht für Konzerte und Partys, daneben gibt es ein Restaurant und einen Biergarten.

Schlendert man vom U-Bahnhof kommend die Kastanienallee entlang, trifft man auf der rechten Seite auf Berlins ältesten Biergarten, den **Prater Biergarten** (Nummer 7–9), der dort seit 1837 Gästen Erholung bietet. Auf der anderen Seite der Kastanienallee findet man bei **Da capo** in der Nummer 96 Schallplatten und Bücher. Die Zeit scheint hier stehen geblieben zu sein: Bis unter die Decke hat Sylvia Müller seit 1991 ihren Second-Hand-Laden ausstaffiert, in dem Liebhaber nach Schätzen stöbern. Auf dem Weg zurück zum U-Bahnhof kommt man an dem verträumten Café **An einem Sonntag im August** in der Nummer 103 vorbei, das durch sein außergewöhnliches Interieur bezaubert, eine Mischung aus modernem und klassischem Trödelstyle. Auf den Gast warten gemütliche Hollywoodschaukeln und Sofas zum Relaxen sowie Sitzstufen wie im Theater, um das Geschehen zu überblicken. Es gibt jeden Tag ein legendäres und preiswertes Frühstücksbuffet. Sonntags legt ein DJ auf.

Unter dem Viadukt der U-Bahn steht **Konnopke's Imbiß** (Schönhauser Allee 44b), Berlins vielleicht berühmteste Currywurstbude. Im Jahr 1930 kam Max Konnopke aus Cottbus nach Berlin, um zusammen mit seiner Frau Charlotte Wurstmaxe zu werden. Es begann mit einem Bauchladen, dann kam ein Verkaufswagen, es folgte eine Holzbude, be-

U-Bahnhof, Veranstaltungsort, Prater Biergarten, Laden, Wohnzimmer-Café

PALAIS

Currywurst-Essen bei Konnopke's, Klamotten kaufen bei »Party Bee«

vor er 1983 den ersten Kiosk eröffnete. Seit 1960 gibt es hier die erste Ost-Berliner Currywurst, mit Ketchup nach Familienrezept. 2011 entstand ein Neubau im Stil der 1960er Jahre. Nach 18 Uhr sowie sonntags und montags ist der Imbiss geschlossen.

Abends ist um den U-Bahnhof Eberswalder Straße besonders viel los: Die kleine Bar **Tipsy Bear** in der Eberswalder Straße 21 zeigt queere Karaoke-Abende, Drag-Shows und andere Veranstaltungen.

Das **Zum Starken August** in der Schönhauser Allee 56 ist eine Wohnzimmerbar mit spektakulärem Showprogramm (Burlesque) im Retro-Dekor.

Unterhaltung liefert auch der **Mad Monkey Room** in der Danziger Straße 1. Seit 2017 finden jeden Abend meist zwei Stand-up-Comedy-Shows parallel statt. In der Lychener Straße, die von der Danziger Straße abzweigt, öffnen abends zwei beliebte Bars: das **August Fengler** in der Nummer 11 und das **Zu mir oder zu dir** in der Nummer 15.

In einem idyllischen Hinterhof ist in der Pappelallee 15 das efeubewachsene **Ballhaus Ost** seit 2006 eine Spielstätte für Theater, Performance, Tanz, Kunst, Musiktheater,

Lesung und Neue Musik. Man kann über den anliegenden **Friedhofspark** spazieren.

Auf der anderen Seite der Pappelallee gibt es einen **Spielplatz** (Nummer 76). Das Fachgeschäft **Das magische Fenster** in der Pappelallee 12/13 hält Bücher und Zubehör bereit, geführt von einer »Hexe« (Selbstbeschreibung). Im Angebot stehen seit 1999 magisch geweihte Schutzamulette und als Dienstleistung das Reinigen von Räumen von schwarzer Magie und negativen Energien.

Weitere Geschäfte sind: **Puzzles** (Schönhauser Allee 135), **Moot** (Schönhauser Allee 46a), **La Käserie** (Schönhauser Allee 147), **Brettspiele** (Eberswalder Straße 27), **Party Bee** (Lederharness, Glitzerprodukte, Festivaloutfits, Kink-wear; Danziger Straße 6), **Rosa Wolf Magazines** (Independent-Magazine; Eberswalder Straße 33).

U-Bahnhof Eberswalder Straße (Hochbahnhof)

Eröffnung: 1913, Ortsteil: Prenzlauer Berg

KUNST UND KULTUR KulturBrauerei mit Kino, Museum, Haus der Poesie, Konzerträumen, Clubs und Theatern; Mad Monkey Room, Tipsy Bar, Zum Starken August, Ballhaus Ost

GASTRONOMIE Konnopke's Imbiß; die Dichte an Cafés, Restaurants, Bars und Imbissen ist enorm.

SHOPPING Da capo, Das Magische Fenster, Puzzles, Brettspiele, Party Bee, Moot, La Käserie, Rosa Wolf Magazines

KINDER Spielplatz, Friedrich-Ludwig-Jahn-Sportpark

NATUR Friedhofspark Pappelallee (Nummer 16)

Alte Werbetafel R. Seidel neben der Gethsemanekirche

Schönhauser Allee

Das Leben rund um den Bahnhof Schönhauser Allee pulsiert: Ausgefallene Läden und Cafés wechseln sich ab mit kleinen Grünanlagen und Spielplätzen. Zu jeder Tages- und fast jeder Nachtzeit werden überall Eis, ausgefallene Snacks und Drinks angeboten.

Wer das direkt am U-Bahnhof gelegene Einkaufszentrum **Schönhauser Allee Arcaden** ganz durchquert, gelangt mit einem auf der linken Seite etwas versteckt liegenden Aufzug zum **Deck 5** (Schönhauser Allee 79). Berlins höchste Strandbar besteht seit 2015 im siebten Stock auf dem obersten Parkdeck. Die Gäste erwartet ein einmaliges Strandfeeling mit feinstem Sand, Palmen und einer fantastischen Aussicht über die Stadt. Neben dem Eingang zu den Arkaden kommt man zur **Bettina-von-Arnim-Bibliothek** (Nummer 75).

Vom hinteren Ausgang der Schönhauser Allee Arcaden gelangt man nach wenigen Metern die Greifenhagener Straße hinab zur evangelischen **Gethsemanekirche** an der Stargarder Straße 77. Sie wurde von 1891 bis 1893 erbaut. Vor dem Westportal steht seit 1993 der »Segnende Christus« aus der ehemaligen Versöhnungskirche, die im Mauerstreifen an der Bernauer Straße stand und von den DDR-Grenztruppen gesprengt wurde. Im Herbst 1989 traf sich in der Gethsemanekirche die Opposition in der DDR zu Mahnwachen. Die engagierten Bürger forderten die Freilassung von in Leipzig festgenommenen Demonstranten und beteten dafür. Die Mahnwache fand ein überwältigendes Echo. Tausende Kerzen bedeckten den Kirchenvorplatz und wurden zum Symbol für die friedlichen Proteste. Am Abend des 4. Oktober kamen 3000 Menschen in die Kirche. Jeder konnte ans Mikrofon treten und sich frei äußern, was sonst öffentlich nicht möglich war.

Gleich nebenan treffen wir auf dem Weg zurück zur Schönhauser Allee auf das sehr schöne Möbel- und Interieur-Geschäft von Stefan Leipold, **two lives** (Stargarder Straße 78). Der Name verrät, dass bei ihm seltene Objekte und Einrichtungsgegenstände ein zweites Leben erfahren. Zurück an der Schönhauser Allee, liegt an der Ecke das **Café Spreegold** (Nummer 82).

Verlässt man den U-Bahnhof zur anderen Seite der Schönhauser Allee hin, bietet der Imbiss **Alain Snack** (Nummer 116a) an der Ecke Dänenstraße seit 1991 Kettwurst an, und zwar so, wie sie schon zu DDR-Zeiten geschmeckt hat. Beim Hotdog des Ostens steckt Inhaber Alain André das Brötchen auf eine beheizte Toaststange und backt es innen etwas an. Hinein kommen Ketchup und Bockwurst.

Der Schievelbeiner Straße folgend, erreicht man nach etwa 200 Metern auf der rechten Seite den nach Achim von Arnim (1781–1831) benannten **Arnimplatz**. Mitten auf dem Platz zeigt ein Bronzedenkmal den Schriftsteller mit seiner Frau Bettina von Arnim, 1997 geschaffen von Michael Klein. Achim wirkt mit seiner Mütze und in schmuckloser Kleidung eher wie ein Arbeiter – das Denkmal wurde zu DDR-Zeiten geplant. Der Platz mit Park entstand Anfang des 20. Jahrhunderts, um den in Prenzlauer Berg auf engstem Raum lebenden Arbeiterfamilien Erholung zu bieten.

Gehen wir die Schievelbeiner Straße zurück zum U-Bahnhof, gelangen wir auf der rechten Seite zum **Puppentheater Felicio** in der Nummer 45, das 1993 von dem Puppenspieler Karsten Ackermann gegründet wurde. Schon

Strandbar Dock 5, Alain Snack, Denkmal Bettina und Achim von Arnim, Secondhand-Laden

Coffee to go
Kettwurst

Kino Colosseum, Gethsemanekirche

von Weitem erkennen Gäste an der herausgehängten Fahne, ob der Ein-Mann-Betrieb geöffnet ist. In stilvoller Atmosphäre nehmen 50 Besucher unter einem Kronleuchter vor roten Samtvorhängen Platz. Ackermann zeigt sein wunderbar klassisches Handpuppenspiel voller skurriler Ideen und mit großem Charme. Markenzeichen ist der ungewöhnlich variable Einsatz seiner Stimme.

Zurück an der Schönhauser Allee, folgen wir der Straße stadteinwärts Richtung Alexanderplatz und biegen nach rechts in die Kopenhagener Straße ab: In der Nummer 4 stoßen wir auf der rechten Seite auf das libanesische **Restaurant Jalla Jalla**. Ein Stück weiter befindet sich der **Dschungelspielplatz** (Nummer 72). Der Weg nach links führt uns in die Rhinower Straße 10 zum transalpinen **Feinkostgeschäft Terese**. Weiter nach links über die Gleimstraße zurück zur Schönhauser Allee kommen wir an der Kreuzung auf der linken Seite zum **Colosseum-Kino**, in dem seit 1924 Filme gezeigt werden. Nach dem Tod des letzten Eigentümers Artur Brauner 2020 meldeten die Erben Insolvenz an. Zwei Jahre später kaufte ein Projektentwickler das Kino, um es als Kultureinrichtung neu zu beleben. Im September 2023 wurde es wiedereröffnet. Geplant ist nach einer Sanierung und einigen Umbauten eine weitere Nutzung für kulturelle Zwecke. Die besten chinesischen Nudeln gibt es weiter südlich im **Wen Cheng** (Schönhauser Allee 65).

U-Bahnhof Schönhauser Allee (Hochbahnhof)

Eröffnung: 1913, Ortsteil: Prenzlauer Berg

KUNST UND KULTUR Gethsemanekirche, Denkmal Bettina und Achim von Arnim, Puppentheater Felicio, Colosseum-Kino, Bettina-von-Arnim-Bibliothek

GASTRONOMIE Deck 5, Alain Snack, Wen Cheng, Spreegold, Jalla Jalla

SHOPPING Schönhauser Allee Arcaden, two lives, Terese

KINDER Dschungelspielplatz

NATUR Arnimplatz

Bronzeskulptur »Der Schreitende«

Vinetastraße

Die U2 verlässt Prenzlauer Berg und hält nun im beschaulicheren Pankow. Die Gebäudehöhe nimmt ab, genauso die Dichte an Geschäften, Cafés und Restaurants. Doch die ruhigen Straßen bieten mit kleinen Plätzen und viel Grün noch genügend Überraschungen für Spaziergänger.

Gleich auf dem U-Bahnsteig begegnet man der lebensgroßen Bronzeskulptur **»Der Schreitende«** (1987) von Rolf Biebl. Der muskulöse Körper des Dargestellten steckt in einem hautengen Anzug und schaut durch seine Sonnenbrille in die Ferne. Er steht auf einem in den Boden eingelassenen »Surfbrett« (Plinthe) und mischt sich mehr oder weniger unauffällig unter die Fahrgäste.

Aus dem U-Bahnhof kommend, gehen wir die Berliner Straße in südliche Richtung entlang. Auf der linken Seite ist bei der Nummer 80, an der Ecke Eschengraben, das **Zollhaus Pankow** aus rotem und gelbem Backstein nicht zu übersehen. Ein Restaurant mit neapolitanischer Pizza und mediterraner Küche, eine Bar und ein Biergarten bitten den Gast zu Tisch. Das 1882 bis 1904 erbaute Areal gehörte früher der Weißbierbrauerei Willner und umfasste neben dem Zollhaus ein Kesselhaus, Remisen und Freiflächen; bis 1990 wurde hier gebraut, 2020 das Gebäude saniert.

Pankow war zur Zeit der DDR das **Botschaftsviertel** Ost-Berlins. Der sozialistische Typenbau »Pankow III«, in dem viele Botschaften untergebracht waren, wurde Anfang der 1970er Jahre 25 Mal an der Stavangerstraße und in der Umgebung gebaut. Um dorthin zu gelangen, gehen wir die Berliner Straße ein Stück zurück, biegen links in die Straße

Zollhaus Pankow, Botschaft von Eritrea, Theater Varia Vineta, Brennerberg

Esplanade und wiederum links in die Stavangerstraße ein. An ihrer Nordseite befinden sich die beiden baugleichen Botschaftsgebäude der Republik Ghana, gegenüber liegt die eritreische Vertretung. Kubas Botschaft ist direkt westlich davon zu finden, dahinter die Botschaft von Kap Verde. Am Ende der Straße steht die Vertretung der Republik Moldau. Die Botschaften dieser Länder besitzen eine lange sozialistische Tradition oder eine noch längere afrikanische Kolonialgeschichte. In Ost-Berlin herrschte die Idee vor, die Vertretungen dieser Länder in den gleichen sozialistisch optimierten Normbauten unterzubringen. Den Gebäudetyp entwarf der Architekt Eckart Schmidt. Die meisten der Botschaftsbauten verloren nach dem Mauerfall ihre Funktion. Heute dienen viele von ihnen als Büros oder Wohnhäuser, mal als »Platte« kritisiert, mal als Bauhaus-Architektur gefeiert.

An der Esplanade treffen wir rechter Hand auf den **Park Brennerberg**. So nennen Anwohner die Anhöhe im Tiroler Viertel, offiziell heißt die Grünanlage Andreas-Hofer-Platz. Der Trümmerberg entstand aus dem Bauschutt der 1944 in diesem Viertel zerbombten Wohnhäuser.

Folgen wir der Berliner Straße wieder Richtung Bahnhof, treffen wir auf der linken Seite in der Nummer 53 auf das **Theater Varia Vineta** mit Kindertheater, Kabarett, Comedy, Liederabenden und Lesungen.

U-Bahnhof Vinetastraße

Eröffnung: 1930, Ortsteil: Pankow

KUNST UND KULTUR Skulptur »Der Schreitende«, Botschaftsviertel, Theater Varia Vineta

GASTRONOMIE Zollhaus Pankow

NATUR Park Brennerberg

Gebäude der früheren Zigarettenfabrik Garbáty

Pankow

Dem Ortsteil Pankow merkt man seinen ursprünglichen Dorfcharakter noch an seinem Anger und der großen Dorfkirche an. Um den alten Ortskern herum herrscht jedoch reges Treiben, kleine feine Geschäfte, Cafés und Restaurants haben sich in den Straßen rund um den U-Bahnhof angesiedelt. Gepaart mit vielen Grünflächen kann man im Ortskern von Pankow gemütlich entspannen.

Verlässt man den U-Bahnhof, trifft man sogleich auf den Schriftzug **Garbáty**, auch der Bahnhofsvorplatz trägt den Namen des Zigarettenfabrikanten Josef Garbáty-Rosenthal (1851–1939). Der Weg vom Bahnhof nach Norden die Berliner Straße entlang und dann nach rechts in die Hadlichstraße führt zu seiner ehemaligen Fabrik. 1879 gegründet mit der Erfolgsmarke »Königin von Saba«, zog sie 1906 dorthin. Bis Ende der 1930er Jahre produzierte dort eines der größten Pankower Unternehmen. Garbáty hatte zu der Zeit fast 1600 Beschäftigte. 1995 wurde die Zigarettenfabrik geschlossen, heute befinden sich in dem Gebäude über 160 Wohnungen.

Direkt neben der Zigarettenfabrik lag in der Berliner Straße 120/121 das **Waisenhaus für jüdische Kinder**, in dem heute die Janusz-Korczak-Bibliothek untergebracht ist. Garbáty unterstützte das Waisenhaus, bis es von den Nazis zwangsgeräumt und als Pankower Außenstelle des Reichssicherheitshauptamtes genutzt wurde. Der ehemalige Tabakspeicher dahinter beherbergt heute eine Schule. Die **Garbáty-Villa** nebenan in der Berliner Straße 123/124 nutzt inzwischen die Libanesische Botschaft. Die Berliner

Garbátyplatz mit Eingang zum U-Bahnhof, ehemaliges Waisenhaus für jüdische Kinder

Straße trifft am Ende auf die kreuzende Breite Straße. Dort befindet sich die **Galerie Pankow** in der Nummer 8.

Erkunden wir nun vom Bahnhof aus die **Florastraße**, die nach dem Mauerfall Künstler und Ruhebedürftige für sich entdeckten. Heute hat sich der Flora-Kiez zum beliebten Familiendomizil mit Cafés und Läden entwickelt. In der Nummer 61 zeigt **einBuch.haus** als Projektgalerie Bücher, gestaltet von Künstlern und Designern. Das Buch mit seiner systematischen Struktur aus Text und Layout wird in den dreidimensionalen Raum übertragen. Auf derselben Straßenseite befindet sich in der Nummer 62 die Kneipe **Prager Frühling 1968**. Das Konzept von Wirt und Maler Luděk Pachl ist schlicht: Ihm geht es um gutes Bier, gute Gäste und gute Atmosphäre. Vier Biersorten bietet er an, drei ständige aus

Garbáty-Villa mit der Botschaft Libanons, Galerie einBuch.haus

Kiez Kaffee Kraft, tschechische Kneipe, Bleichröderpark mit Skulptur

der tschechischen Brauerei Svijany und eine, die Pachl abwechselnd aus verschiedenen Familienbrauereien in Tschechien mitbringt. Dazu gibt es eine einfache Kneipen-Küche. Politisch ambitioniert ist die Namenswahl übrigens nicht. Pachl hatte einfach keine Lust, seinen gastronomischen Betrieb romantisierend »Goldenes Prag« oder »Moldau« zu nennen. Draußen gibt es eine Art Dubcěk Altar, der dem damaligen Generalsekretär und Reformer huldigt. Neben der Tür hängt ein **»Kunstautomat«** (ein ehemaliger Kaugummiautomat), aus dem sich für vier Euro kleine Kunstwerke des Kneipenbetreibers ziehen lassen.

Geht man die Grunowstraße gegenüber vom Bahnhof hinauf und läuft an deren Ende die leicht nach links versetzte Schulstraße entlang, kommt man in der Breite Straße 35 zu einem modernen Holzpavillon mit großer Terrasse, der dem **Kiez Kaffee Kraft** gehört. Den weiten Blick von der Terrasse über eine noch unbebaute Wiese genießen die Gäste in Liegestühlen, sie lesen, Hunde tollen herum, Kinder spielen dort. Der gute Barista-Kaffee kann in stylischem Interieur mit hellem Holz genossen werden. WLan gibt es bewusst nicht. Am Wochenende kann man zum Brunch sein eigenes Picknick mitbringen. Gleich nebenan liegt der **Bleichröderpark**, der Anfang der 2000er Jahre mit den bereits vorhandenen Bäumen neu gestaltet wurde. Zu einem Großteil entstand er auf dem früheren Grundstück der jüdischen Bankiersfamilie Bleichröder, die von den Nationalsozialisten enteignet worden war. In dem Park stehen zwei Plastiken: die **»Brunnensäule mit Katzen und Vögeln«** (1978) von Manfred Salow und das Bronzeobjekt **»Grenzsoldat mit Kind«** (1971) von Gerhard Rommel.

U-Bahnhof Pankow

Eröffnung: 2000, Ortsteil: Pankow

KUNST UND KULTUR Garbáty-Fabrik, -Tabakspeicher und -Villa, Früheres Waisenhaus für jüdische Kinder (Janusz-Korczak-Bibliothek), einBuch.haus, »Kunstautomat«, Skulpturen »Brunnensäule mit Katzen und Vögeln« und »Grenzsoldat mit Kind«, Galerie Pankow

GASTRONOMIE Prager Frühling 1968, Kiez Kaffee Kraft

SHOPPING Es gibt viele kleine Geschäfte in der Florastraße.

NATUR Bleichröderpark

Ein Zug der Linie U2 wartet im U-Bahnhof Mohrenstraße auf Fahrgäste.